PRIMERA EDICIÓN

Camino hacia la
Libertad Financiera

Alcanza la libertad financiera y haz que tu dinero crezca y trabaje para ti.

Juan Barrera

Visita:

juanbarrera.co/finanzas-personales

Título: Camino hacia la libertad financiera

© **Juan Barrera**

© **Editorial Independiente**

ISBN: 978-628-01-4779-6

Primera Edición: septiembre de 2024

Editorial Independiente.

Impreso en Colombia – Printed Colombia

Reservados todos los derechos. No se permite la reproducción total o parcial de esta obra, ni su incorporación a un sistema informático, ni su transmisión en cualquier forma o por cualquier medio (electrónico, mecánico, fotocopia, grabación u otros) sin autorización previa y por escrito de los titulares del *copyright*. La infracción de dichos derechos puede constituir un delito contra la propiedad intelectual.

Agradecimientos:

A Dios.

A mi Esposa.

A mis Hijas.

Contenido:

Introducción

Capítulo 1: Ingresos y Egresos

Capítulo 2: Manejo de Deudas

Capítulo 3: Los Cuatro Perfiles Financieros

Capítulo 4: El Presupuesto

Capítulo 5: Introducción al Ahorro

Capítulo 6: Fija Tus Objetivos y Alcánzalos

Capítulo 7: Ahorrar Fácil y Efectivo

Capítulo 8: Hacer Crecer Tus Ahorros

Capítulo 9: La Cuenta de Ahorros

Capítulo 10: Fondos de Inversión Colectiva

Capítulo 11: CDT´s

Capítulo 12: Opciones Innovadoras Digitales

Capítulo 13: Tu ahorro en el Largo Plazo

Capítulo 14: Entendiendo la Inversión

Capítulo 15: Elementos Clave de la Inversión

Capítulo 16: Tu Perfil de Inversionista

Capítulo 17: La Psicología del Dinero

Capítulo 18: CDT´s Parte 2

Capítulo 19: Fondos Parte 2

Capítulo 20: Invierte en acciones

Capítulo 21: Alternativas de Inversión

Capítulo 22: Diversificación

Capítulo 23: Invierte como un profesional

Capítulo 24: Construye tu Futuro

Capítulo 25: La Lógica Detrás del Crédito

Capítulo 26: Guía para dominar el crédito

Capítulo 27: Los Bancos

Capítulo 28: Capacidad de Pago

Capítulo 29: Dominando el Crédito

Capítulo 30: La Cuota Mensual

Capítulo 31: La Tasa de Interés

Capítulo 32: Score Crediticio y Data Crédito

Capítulo 33: Simulaciones de Crédito

Capítulo 34: Pensamiento Lógico

Capítulo 35: Sobrendeudamiento

Capítulo 36: Las Buenas Decisiones

Capítulo 37: Estrategias Personalizadas

Capítulo 38: Aliados en tu Camino

Capítulo 39: Apps y Softwares

Capítulo 40: Consumo

Capítulo 41: Planificación para el Futuro

Capítulo 42: Seguros

Capítulo 43: Éxito Financiero

Capítulo 44: Ejemplo Práctico

Capítulo 45: Recapitulación

Tabla de contenido ampliada:

Introducción 1

SECCIÓN 1: FUNDAMENTOS Y MENTALIDAD 5

   Capítulo 1: Ingresos y Egresos 7

      Fuentes de Ingresos 7

      Egresos 8

   Capítulo 2: Manejo de las Deudas 11

      ¿Y Qué Pensamos de las Deudas? 11

      Estrategias para Manejar las Deudas 12

   Capítulo 3: Los Cuatro Perfiles Financieros 15

      El Analítico 15

      El Impulsivo 15

      El Temeroso 16

      El Derrochador 16

   Capítulo 4: El Presupuesto 19

      ¿Qué Es un Presupuesto? 19

      Cómo Hacer un Presupuesto 19

      Manos a la Obra 21

SECCIÓN 2: EL PODER DEL AHORRO 23

   Capítulo 5: Introducción al Ahorro 25

      ¿Qué es el Ahorro? 25

      Beneficios de Ahorrar Regularmente 25

   Capítulo 6: Fija Tus Objetivos y Alcánzalos 27

¿Para qué estás ahorrando? 27

Nuestras Metas 27

Alinea Tus Metas con Tus Valores 28

Capítulo 7: Ahorrar Fácil y Efectivo 29

Consejos Prácticos para Ahorrar 29

Seguimiento del Ahorro 30

Capítulo 8: Hacer Crecer Tus Ahorros 31

Ahorro vs. Inversión 31

Mecanismos de Ahorro e Inversión 31

Capítulo 9: La Cuenta de Ahorros 33

Tipos de cuentas de ahorros 33

Ejemplos de cuentas de ahorro 34

Tabla comparativa cuentas de ahorro 35

Análisis detallado 36

Capítulo 10: Fondos de Inversión Colectiva 41

Fondos de inversión colectiva 41

Capítulo 11: CDT´s 43

¿Qué son los CDT y cómo funcionan? 43

Tasas de interés y plazos disponibles 43

Beneficios y riesgos de los CDT 44

Capítulo 12: Opciones Innovadoras Digitales 45

La Revolución Fintech 45

Apps de Seguimiento y Presupuesto 45

Microsavings y Redondeos Automáticos 46

La Nueva Realidad del Ahorro 46

Capítulo 13: Tu ahorro en el Largo Plazo 47

Estrategias para que tu Dinero Rinda Más 47

El Desafío de la Inflación 47

Otros Costos para tener en cuenta 48

Proteger el Valor de tus Ahorros 48

SECCIÓN 3: INVERSIONES 51

Capítulo 14: Entendiendo la Inversión 53

¿Qué es la inversión? 53

¿Por qué es tan importante invertir? 53

Invertir No es Tan Complicado 54

Capítulo 15: Elementos Clave de la Inversión 55

El Rendimiento de una inversión 55

El Riesgo de una inversión 55

Plazo de la inversión 55

Capítulo 16: Tu Perfil de Inversionista 57

Perfil Conservador 57

Perfil Moderado 57

Perfil Agresivo 57

Capítulo 17: La Psicología del Dinero 59

El ciclo emocional del dinero 59

Estrategias para gestionar tus emociones 60

Cambia tu Mentalidad 61

Capítulo 18: CDT´s Parte 2 63

Entiende sus características 63

Ventajas y desventajas 64

Aprovechar los CDT a largo plazo 64

Tabla resumen del CDT 65

Resumen de la inversión: 65

Estrategia efectiva de inversión 66

Capítulo 19: FIC´s Parte 2 67

Beneficios de invertir en FIC´s 67

Consideraciones para invertir en un FIC 68

Integrar los FIC con tu estrategia 68

Tabla de Fondos de Inversión 69

Capítulo 20: Invierte en acciones 71

¿Cómo funciona exactamente las acciones? 71

Tipos de Acciones 71

Como puedo adquirir acciones de una empresa 72

Capítulo 21: Alternativas de Inversión 73

Bienes Raíces 73

Metales Preciosos y Materias Primas 74

Startups y Fintech 74

Divisas y Criptoactivos 75

Crowdfunding y Crowdlending 75

- Capítulo 22: Diversificación 79
  - Principios Básicos de la Diversificación 79
  - Estrategias para Reducir el Riesgo 80
  - Un Ejemplo Práctico de Diversificación 81
  - Teoría de Portafolios de Markowitz 83
- Capítulo 23: Invierte como un profesional 85
  - La Inflación 85
  - Impuestos y Costos 86
  - Ejemplo de inversión 87
  - Tabla comparativa después de 10 años 89
  - Proteger el Poder Adquisitivo 90
  - Enfoque Integral ¿Cómo lograrlo? 91
- Capítulo 24: Construye tu Futuro 93
  - Siempre debes tener en cuenta 93

SECCIÓN 4: GESTIÓN INTELIGENTE DE DEUDAS 95

- Capítulo 25: La Lógica Detrás del Crédito 97
  - Introducción al crédito 97
  - ¿Por qué es importante el crédito? 97
  - Diferencia entre "necesitar" y "desear" 98
  - El impacto de las decisiones en tu vida 98
- Capítulo 26: Guía para dominar el crédito 101
  - ¿Qué es el crédito? 101
  - Un Préstamo de Confianza 101

Dos Roles, Un Mismo Objetivo 101

Intereses: El Precio del Tiempo 101

Plazo 102

Características Esenciales 102

Tipos de Crédito 102

Capítulo 27: Los Bancos 105

Tasas de Captación y Colocación 105

¿Cómo se determinan estas tasas? 105

El pilar fundamental 106

El Negocio del Crédito 107

Capítulo 28: Capacidad de Pago 109

La Importancia del Análisis Previo 109

Calcular tu Capacidad de Pago 110

El Concepto del "Excedente" 110

Capítulo 29: Dominando el Crédito 113

Caso Hipotético 113

El Impacto del Crédito en el Largo Plazo 114

Análisis del crédito 116

Capítulo 30: La Cuota Mensual 119

Desvelando los Secretos del Crédito 119

Cargos Adicionales 119

Intereses de Mora 120

La Trampa del "Precio del Crédito" 120

Capítulo 31: La Tasa de Interés 123
    Entendiendo la Tasa de Interés 123
    Factores que Influyen en la Tasas 124
    Impacto de la Tasa de Interés en el Crédito 125

Capítulo 32: Score Crediticio y Data Crédito 127
    Centrales de Riesgo 127
    Score Crediticio 127
    ¿Cómo mejorar tu score crediticio? 129

Capítulo 33: Simulaciones de Crédito 131
    Simulaciones Online 131
    Comparación de Opciones de Crédito 132
    Aspectos para comparar en un crédito: 132
    Herramienta Simulación 132

Capítulo 34: Pensamiento Lógico 135
    Impacto de las Decisiones de Compra 135
    Preguntas Clave 136
    La Regla del 50/30/20 136

Capítulo 35: Sobrendeudamiento 139
    La Regla del 40% 139
    Consecuencias del Sobreendeudamiento 140
    Salir del Sobreendeudamiento 141

Capítulo 36: Las Buenas Decisiones 143
    Invertir en Activos con Ingresos Pasivos 143

Aprovechando las "Buenas Deudas 144

El Interés Compuesto 144

SECCIÓN 5: HERRAMIENTAS PARA EL ÉXITO 149

Capítulo 37: Estrategias Personalizadas 151

Análisis Individual 151

Construyendo un Futuro Sólido 152

Capítulo 38: Aliados en tu Camino 155

Asesoría Financiera 155

Programas de Educación Financiera 155

Recursos Online 156

Entidades Gubernamentales 157

Importancia de la Educación Financiera 158

Capítulo 39: Apps y Softwares 161

¿Qué te ofrecen estas herramientas? 161

Apps populares para finanzas personales: 161

Softwares de finanzas personales: 162

Elegir la mejor app o software para ti: 162

Capítulo 40: Consumo 165

El Consumo 165

Principios del Consumo Consciente 167

Consumo es un viaje no un destino 169

SECCIÓN 6: PLANIFICACIÓN A LARGO PLAZO 171

Capítulo 41: Planificación para el Futuro 173

Establecimiento de Metas Financieras 173

Creación de un Fondo de Emergencia 174

Planificación para la Jubilación 175

Capítulo 42: Seguros 177

Tipos de Seguros 177

Beneficios de los Seguros 178

Cómo Elegir un Seguro 178

Capítulo 43: Éxito Financiero 181

Hábitos Financieros 181

Superando Obstáculos en el Camino 182

Consejos para Seguir Creciendo 182

Capítulo 44: Ejemplo Práctico 185

Estableciendo Metas Financieras 185

Creando un Presupuesto 186

Estrategias para Alcanzar las Metas 186

Ahorro e Inversión 186

Superando Obstáculos 187

Aprendiendo y Creciendo 187

Conclusión 187

Capítulo 45: Recapitulación 189

Temas Principales 189

Mi Agradecimiento 189

Mi Mensaje final 190

Finanzas Personales: Camino hacia la libertad financiera

Introducción

A lo largo de la vida, muchos de nosotros aprendemos a ganarnos la vida, pero pocas veces nos enseñan cómo manejar ese dinero para hacerlo crecer. Es como aprender a conducir sin saber cómo mantener el coche en buen estado. Este libro nace con la intención de llenar ese vacío.

Cuando pensé en cómo debía ser este libro, mi principal objetivo era que fuera fácil de leer, especialmente para quienes, como tú, tienen poco tiempo. Ya sea que estés esperando en un aeropuerto, viajando en tren, o aprovechando unos minutos libres por la mañana o por la noche, quería que pudieras avanzar sin sentirte abrumado. Por eso, los capítulos son cortos y están diseñados para abordar temas específicos. Así, puedes leer cuando quieras, y si lo dejas por un tiempo, no pasa nada; retomarás sin problemas porque los conceptos clave se repiten a lo largo del libro.

Para hacerlo aún más sencillo, he decidido utilizar ejemplos en pesos colombianos (COP) y dólares estadounidenses (USD). Esto no solo facilita la lectura, sino que también hace que los ejemplos sean más relevantes, especialmente si estás fuera de Colombia.

¿Qué son las Finanzas?

Las finanzas pueden sonar como un tema complicado, pero en realidad, son simplemente el estudio de cómo utilizamos nuestros recursos, ya sea en nuestra vida personal o en el ámbito empresarial. Esto significa entender cómo entra y sale el dinero, cómo lo administramos, lo invertimos, y cómo podemos hacerlo crecer para alcanzar nuestros objetivos.

¿Por Qué Importan las Finanzas Personales?

Las finanzas personales son esenciales porque nos ayudan a lograr nuestras metas en la vida. Y no hablo solo de grandes sueños, sino de cosas cotidianas que, bien manejadas, nos permiten vivir con más tranquilidad y satisfacción:

- **Compras:** Desde ese nuevo teléfono que necesitas, hasta un televisor, muebles para tu hogar o electrodomésticos. También incluye esos arreglos o remodelaciones que quieres hacer en tu casa.

- **Educación:** Poder costear tus estudios o los de tus hijos sin preocupaciones es un gran alivio.

- **Viajes:** Planificar ese viaje soñado, o simplemente unas vacaciones bien merecidas, se hace mucho más fácil con unas finanzas bien organizadas.

- **Ahorro a Largo Plazo:** Ya sea que estés pensando en la universidad de tus hijos, en tu jubilación, o en un proyecto personal, tener ahorros te da la tranquilidad de que estás preparado para el futuro.

- **Emprendimiento:** Si tienes la idea de iniciar tu propio negocio o de asegurar la continuidad del que ya tienes, unas finanzas sanas son tu mejor aliado.

- **Libertad Financiera:** Esta es la meta final: llegar a un punto donde tengas el control de tus finanzas, donde el dinero trabaje para ti y no al revés.

Las finanzas personales son la clave para alcanzar una gran variedad de objetivos, desde pequeñas compras hasta la creación de riqueza y, finalmente, la libertad financiera. Aprender a manejarlas no solo mejora tu bienestar económico, sino que también te da la tranquilidad y la libertad para disfrutar más de la vida.

SECCIÓN 1: FUNDAMENTOS Y MENTALIDAD

Capítulo 1: Ingresos y Egresos

Entendiendo Nuestras Finanzas Personales

Hablar de finanzas personales puede sonar complicado, pero en realidad es más simple de lo que parece. Todo empieza con una pregunta muy básica: ¿De dónde viene y a dónde va nuestro dinero? Si logramos responder esta pregunta de manera clara, estaremos un paso más cerca de manejar nuestras finanzas con confianza y tranquilidad.

Fuentes de Ingresos

El dinero no solo llega a nuestras manos en forma de salario. Existen otras fuentes de ingresos que, si sabemos identificarlas y aprovecharlas, pueden darnos una mayor estabilidad financiera. Aquí te comparto algunas:

1. **Salarios:** Para la mayoría, el sueldo es la base de nuestras finanzas. Ya sea que trabajes en una empresa o tengas un negocio propio, el salario es tu principal fuente de ingresos.

2. **Inversiones:** Si has invertido en acciones, bonos o incluso criptoactivos, sabes que el dinero también puede venir de los rendimientos que generan estas inversiones.

3. **Arriendos:** Alquilar una propiedad o un vehículo es otra manera de obtener ingresos adicionales. No solo tienes un bien, sino que además te genera dinero.

4. **Subsidios:** A veces recibimos ayudas económicas del gobierno, como becas o jubilaciones. Estos ingresos

también cuentan y pueden ser un alivio en momentos difíciles.

5. **Pagos Esporádicos:** Quizás de vez en cuando recibes un pago extra por un trabajo freelance, una comisión o incluso un premio. Estos ingresos, aunque no sean constantes, pueden marcar la diferencia.

6. **Negocios Propios:** Si tienes un emprendimiento, ya sabes lo gratificante que es ver cómo crece y empieza a generar ingresos por sí mismo.

Egresos

Así como el dinero llega, también se va. Y muchas veces se va más rápido de lo que nos gustaría. Aquí te dejo algunas categorías de egresos que es importante tener en cuenta:

1. **Gastos del Hogar:** Mantener un hogar requiere inversión. Ya sea en alquiler, servicios públicos o transporte, estos son gastos inevitables.

2. **Compras:** Todos tenemos necesidades, pero también deseos. Ya sea una nueva prenda de ropa o un dispositivo electrónico, las compras pueden ser tanto una necesidad como un placer.

3. **Pagos:** Cumplir con nuestras obligaciones financieras es clave para evitar problemas a futuro. Ya sea el pago de un crédito, un seguro o impuestos, estos son gastos que no podemos pasar por alto.

4. **Obligaciones Financieras:** Las deudas son una realidad para muchos, y pagarlas a tiempo es fundamental para mantener nuestra estabilidad.

5. **Imprevistos:** La vida está llena de sorpresas, algunas buenas y otras no tanto. Tener un fondo para emergencias como reparaciones o gastos médicos es una buena estrategia.

6. **Ocio y Entretenimiento:** Disfrutar de la vida también es importante. Ya sea salir a cenar, ir a un concierto o simplemente relajarse, estos gastos son necesarios para nuestro bienestar.

7. **Donaciones y Contribuciones:** Aportar a causas que nos importan nos hace sentir bien. Ya sea apoyar a una organización benéfica o contribuir a la comunidad, estos gastos también forman parte de nuestras finanzas.

Conocer bien de dónde viene y a dónde va tu dinero es el primer paso para tomar el control de tus finanzas. Cuando tienes claro este panorama, tomar decisiones inteligentes se vuelve mucho más fácil. Así que, tómate el tiempo para identificar tus ingresos y egresos, y empieza a planificar tu futuro financiero con confianza.

Capítulo 2: Manejo de las Deudas

Deudas: Obligaciones, no Villanas

Seguro que has escuchado más de una vez que las deudas son malas. Nos han enseñado a temerles, como si fueran un enemigo silencioso al acecho. Pero ¿y si te digo que no son tan terribles como parecen? En realidad, las deudas no son más que compromisos que asumimos y que, bien gestionadas, pueden abrirnos puertas que de otra manera estarían cerradas.

¿Por Qué las Deudas Pueden Ser Útiles?

Piensa en ese sueño de tener una casa propia o en la idea de seguir formándote y estudiar una carrera. En muchos casos, la única manera de hacer realidad estos sueños son a través de una deuda. Aquí es donde la deuda se convierte en una aliada, una herramienta que nos permite mejorar nuestra calidad de vida.

Algunas personas incluso aprovechan las deudas para ahorrar en impuestos, tomando préstamos respaldados por activos. Aunque personalmente no lo recomiendo porque, bueno, sigue siendo una deuda. Pero hay quienes lo ven como una estrategia válida.

¿Y Qué Pensamos de las Deudas?

Es natural que algunas personas, especialmente en comunidades más tradicionales, vean con recelo el endeudamiento. Sin embargo, en el mundo en que vivimos hoy, es casi imposible evitar el crédito para ciertas necesidades. Lo importante es no dejar que las deudas se conviertan en un problema.

Cuando las Deudas se Salen de Control

Aunque las deudas no son el villano de la historia, sí pueden convertirse en un verdadero dolor de cabeza si se acumulan más de lo que podemos pagar. Cuando esto sucede, las consecuencias pueden ser bastante serias.

¿Qué Pasa si no Podemos Pagar Nuestras Deudas?

Las consecuencias de no poder pagar nuestras deudas pueden ser devastadoras:

- Estrés que no te deja dormir.
- Deterioro de tu historial crediticio.
- Riesgo de perder tus bienes.
- Dificultades para acceder a nuevos créditos.
- Y, por supuesto, problemas en otras áreas de tu vida, como en tus relaciones personales.

Evitar que las Deudas se Conviertan en una Carga

Para evitar que las deudas se transformen en una carga insostenible, es esencial ser prudente y responsable. Antes de asumir una nueva deuda, debemos preguntarnos: ¿puedo realmente pagar esto sin comprometer mi bienestar?

Estrategias para Manejar las Deudas

- **Conoce tu Límite:** Antes de endeudarte, tómate un tiempo para analizar tus finanzas. ¿Cuánto ganas? ¿Cuánto gastas? Esto te ayudará a saber cuánto puedes pedir prestado sin meterte en problemas.

- **Prioriza y Negocia:** Si ya tienes varias deudas, identifica cuáles son las más urgentes y trata de negociar mejores condiciones con tus acreedores.

- **Consolida tus Deudas:** Si te resulta difícil gestionar varias deudas, considera consolidarlas en un solo préstamo con mejores condiciones. Te facilitará los pagos.

- **Haz un Plan:** Diseña un plan de pagos con fechas y montos claros. Cumplir con este plan es clave para reducir tus deudas.

- **Fondo de Emergencia:** Siempre es buena idea tener un colchón para imprevistos, así no tendrás que endeudarte más cuando las cosas no salen como esperabas.

En resumen, no le temas a las deudas, pero respétalas. Maneja tus obligaciones con cuidado y planificación. Así podrás disfrutar de los beneficios que las deudas bien gestionadas pueden ofrecerte, sin caer en la trampa del endeudamiento excesivo.

Capítulo 3: Los Cuatro Perfiles Financieros

El manejo de las finanzas personales está fuertemente influenciado por nuestras características y tendencias individuales. Es por ello por lo que, podemos identificar cuatro principales perfiles financieros:

El Analítico

- Cuidadoso con los detalles y con un gran sentido de responsabilidad.
- Temeroso a tomar riesgos e invertir, priorizando el ahorro sobre el consumo.
- Planificador meticuloso, pero que puede caer en la indecisión por su exceso de análisis.

Recomendaciones para el Analítico

- Ser menos controlador y más seguro en tus decisiones de compra, venta e inversión.
- Evitar perder oportunidades por miedo a equivocarse.

El Impulsivo

- Con capacidad de toma de decisiones y gran ambición por lograr metas.
- Tiende a gastar de forma emotiva y poco racional, justificando sus compras.
- Acumula deudas, especialmente con el uso excesivo de tarjetas de crédito.

Recomendaciones para el Impulsivo

- Destinar un porcentaje del salario al ahorro de manera automática.

- Tener una cuenta de ahorros exclusiva y no mezclar con gastos mensuales.

El Temeroso

- Evita las deudas a toda costa, dedicado en exceso al ahorro.

- Preocupado exageradamente por su seguridad financiera y la de su familia.

- Desconfiado de las instituciones financieras y renuente a endeudarse.

Recomendaciones para el Temeroso

- Establecer metas y objetivos claros para tus ahorros.

- Disfrutar de un gasto responsable e inteligente, sin olvidar el presente.

El Derrochador

- Disfruta gastando sin control, siendo anfitrión de actividades sociales.

- Amante de los productos exclusivos y costosos, confiando en el crédito siempre.

- Incapaz de establecer un presupuesto o llevar un registro de sus gastos.

Recomendaciones para el Derrochador

- Ser más cuidadoso con el uso de tarjetas de crédito.

- Evaluar la necesidad y justificación de cada gasto antes de realizarlo.

Conocer tu perfil financiero te ayudará a diseñar estrategias más efectivas para administrar tus recursos de forma saludable.

Entender tus tendencias financieras y aplicar las estrategias adecuadas te ayudarán a desarrollar hábitos más saludables en el manejo de tus recursos.

Capítulo 4: El Presupuesto

El presupuesto puede sonar como algo aburrido o complicado, pero en realidad, es tu mejor aliado para manejar tu dinero de manera inteligente. Es como un mapa que te dice a dónde va cada peso que ganas, y te ayuda a asegurarte de que todo esté bajo control.

¿Qué Es un Presupuesto?

Un presupuesto no es más que un plan donde pones en números lo que ganas y lo que gastas. Es una forma de visualizar cómo vas a administrar tu dinero, desde las cosas más cotidianas como la compra del mercado, hasta esos pequeños lujos que todos disfrutamos de vez en cuando. Su principal objetivo es asegurarte de que tus finanzas estén siempre en equilibrio.

Cómo Hacer un Presupuesto

Hacer un presupuesto no es tan difícil como parece. Aquí te dejo unos pasos sencillos para que puedas crear el tuyo:

1. **Identifica Tus Ingresos:** Primero, haz una lista de todo el dinero que entra cada mes. Esto incluye tu salario, cualquier ingreso extra, o incluso ayudas que recibas.

2. **Resta Tus Gastos:** Luego, escribe todos tus gastos. Desde los fijos como la renta o el pago de servicios, hasta los más variables como salidas a comer o compras inesperadas.

3. **Asegúrate de que los Egresos No Superen los Ingresos:** Este es el paso más importante. Asegúrate

de que lo que gastas no supere lo que ganas. Si ves que estás en números rojos, es hora de ajustar.

4. **Conoce Tus Gastos:** No todos los gastos son iguales. Es útil dividirlos en categorías, como necesidades (vivienda, comida) y deseos (entretenimiento, cenas fuera).

5. **Compra con la Cabeza, No con el Corazón:** Evita comprar por impulso. Antes de hacer una compra, pregúntate si realmente lo necesitas o si es solo un capricho del momento.

6. **Usa el Presupuesto como Guía:** Una vez hecho, sigue tu presupuesto como una guía. Esto te ayudará a tomar mejores decisiones y a evitar sorpresas a fin de mes.

¿Por Qué Escribir tu Presupuesto?

Puedes pensar que todo esto lo puedes hacer en tu cabeza, pero escribirlo tiene un poder especial. Aquí te digo por qué:

- **Te Hace Consciente:** Al verlo en papel o en una app, te das cuenta de en qué estás gastando realmente tu dinero.

- **Te Ayuda a Planificar:** Te permite ver si estás en equilibrio o si necesitas ajustar algo para no gastar más de lo que ganas.

- **Es una Foto de tus Finanzas:** Puedes ver cómo cambian tus ingresos y gastos a lo largo del tiempo, y ajustarte a cosas como la inflación o un aumento en los precios.

Manos a la Obra

Ahora que ya sabes cómo hacer un presupuesto, es hora de ponerlo en práctica. Tómate unos minutos para crear el tuyo, ya sea en una hoja de papel, en una hoja de cálculo o usando una app. Descarga mi plantilla para ayudarte si lo necesitas.

[Haz clic aquí para descargar tu plantilla de presupuesto.]

También puedes visitar:

https://juanbarrera.co/libertad-financiera

Revisemos los Resultados

Una vez que hayas hecho tu presupuesto, es hora de analizarlo:

- **¿Lo Cumpliste?**: Revisa si tus gastos se alinearon con lo que habías planeado.

- **¿Te Sobró o Faltó?**: Resta tus gastos a tus ingresos. Si te sobra, ¡felicidades! Tienes capacidad de ahorro. Si te falta, es momento de revisar dónde puedes recortar.

- **¿Hay Déficit?**: Si estás en déficit, no te asustes. Este es un buen momento para ver qué puedes hacer para gastar menos y manejar mejor tus recursos.

Hacer un presupuesto es fundamental para mantener tus finanzas en orden. No solo te ayudará a controlar tus gastos, sino que también te permitirá tomar decisiones más informadas y alcanzar tus metas financieras sin estrés. ¡Así que no lo dejes para mañana, empieza hoy!

SECCIÓN 2: EL PODER DEL AHORRO

Capítulo 5: Introducción al Ahorro

¿Qué es el Ahorro?

El ahorro es simplemente la parte de tus ingresos que decides no gastar en lo inmediato. Es la diferencia entre lo que ganas y lo que gastas, y ese dinero que te sobra lo puedes guardar para usarlo más adelante. Ahorrar es un hábito, un compromiso que haces contigo mismo para guardar una parte de lo que ganas y destinarlo a metas específicas o para estar preparado ante cualquier imprevisto.

Ahorrar requiere disciplina, al igual que hacer un presupuesto. Necesitas tener la capacidad de controlar tus gastos y apartar sistemáticamente una parte de tus ingresos para tus ahorros.

¿Por Qué es Importante Ahorrar?

El ahorro es clave para alcanzar una mayor estabilidad y seguridad financiera. Te permite estar preparado para enfrentar cualquier sorpresa que la vida te pueda traer, cumplir con tus metas personales, y aprovechar oportunidades para hacer crecer tu dinero (de eso hablaremos más adelante). Ahorrar es la base sobre la que puedes construir un patrimonio y tener un mayor control sobre tus finanzas, logrando así una independencia económica.

Beneficios de Ahorrar Regularmente

1. **Seguridad Financiera:** Tener ahorros te da un respaldo económico que te protege contra emergencias, como la pérdida de empleo o gastos inesperados. Este colchón financiero te brinda tranquilidad y paz mental para enfrentar cualquier situación imprevista.

2. **Independencia Económica:** Ahorrar te ofrece la libertad y autonomía para tomar decisiones financieras sin depender tanto de préstamos o créditos. Con tus ahorros, puedes financiar proyectos personales o incluso iniciar tu propio negocio.

3. **Oportunidades de Inversión:** Con el tiempo, puedes destinar tus ahorros a inversiones que te generen rendimientos, como comprar activos, invertir en acciones, empezar un negocio o participar en fondos de inversión.

4. **Tranquilidad y Estabilidad Financiera:** El hábito de ahorrar fortalece tu disciplina financiera y reduce el estrés que pueden causar los imprevistos. Ahorrar te brinda estabilidad y una mejor perspectiva para alcanzar tus objetivos a futuro.

En los próximos capítulos, profundizaremos en cómo ahorrar de manera efectiva y te mostraremos cómo poner en práctica lo aprendido.

Capítulo 6: Fija Tus Objetivos y Alcánzalos

¿Para qué estás ahorrando?

Esta es la pregunta que lo cambia todo. Ahorrar por ahorrar no tiene sentido si no tienes un propósito claro. Pero cuando defines tus objetivos, el ahorro se convierte en una herramienta poderosa para transformar tus sueños en realidad.

Piénsalo bien: ¿Qué es lo que realmente quieres lograr con el dinero que estás guardando? ¿Te imaginas comprando tu casa propia? ¿O quizás disfrutando de unas vacaciones soñadas en un destino exótico? ¿Qué tal asegurarte una jubilación tranquila y sin preocupaciones? Tomarte un momento para identificar lo que realmente quieres es el primer paso hacia la libertad financiera. Esos sueños y prioridades se convertirán en tus objetivos de ahorro, y te darán la motivación para seguir adelante, día tras día.

Nuestras Metas

Metas a Corto Plazo

Visualiza tus metas más cercanas. ¿Quizás estás ahorrando para un electrodoméstico nuevo, un viaje en familia, o para enfrentar una emergencia inesperada? Estas metas, que puedes alcanzar en 1 o 2 años, te darán una satisfacción rápida y palpable. Sentirás que tu esfuerzo rinde frutos, y eso te animará a seguir adelante.

Metas a Mediano Plazo

Ahora, piensa en el mediano plazo. ¿Qué tal ahorrar para la entrada de tu primera casa, un auto que has deseado por mucho tiempo, o los estudios de tus hijos? Estos objetivos, que se pueden alcanzar en 3 a 5 años, requieren más planificación, pero cada paso que des te acercará más a esos sueños que parecen tan grandes, pero que poco a poco se van haciendo realidad.

Metas a Largo Plazo

Y luego están esos sueños a largo plazo, los que requieren paciencia y perseverancia. Puede que desees asegurar una jubilación cómoda, dejar un legado a tus seres queridos, o finalmente realizar ese viaje que has postergado por tanto tiempo. Estos son los objetivos que, cuando los alcances, te llenarán de orgullo y satisfacción, porque sabrás que cada pequeño esfuerzo valió la pena.

Alinea Tus Metas con Tus Valores

Pero no olvides algo crucial: tus objetivos de ahorro deben reflejar lo que realmente te importa. Ahorrar para algo que no te apasiona es una receta para la frustración. Cuando tus metas están alineadas con tus valores y prioridades personales, sentirás una conexión profunda con lo que estás haciendo. Esa conexión es la que te mantendrá motivado y te dará la energía para superar cualquier obstáculo en el camino.

Ahora que has identificado tus objetivos, estás listo para pasar al siguiente nivel. En los próximos capítulos, exploraremos las estrategias y herramientas que te ayudarán a convertir esos sueños en realidad. Estás a punto de dar un gran paso hacia tu libertad financiera. ¡Vamos por ello!

Capítulo 7: Ahorrar Fácil y Efectivo

Ahora que entiendes la importancia de ahorrar, ¡es hora de pasar a la acción! En este capítulo, voy a compartirte consejos prácticos y herramientas concretas que harán que empezar a ahorrar sea sencillo y, lo más importante, efectivo.

Consejos Prácticos para Ahorrar

- **Comienza con pequeños pasos:** No te agobies pensando en ahorrar grandes cantidades desde el inicio. Incluso ahorrar una pequeña cantidad cada mes puede convertirse en una suma significativa a largo plazo. Recuerda, lo importante es comenzar y mantener el hábito.

- **Encuentra formas creativas de recortar gastos:** Haz una revisión de tus facturas y suscripciones. Cocinar en casa en lugar de salir a comer, limitar los gastos en entretenimiento, o buscar opciones más económicas para los servicios que utilizas son pequeñas acciones que pueden liberar más dinero para tus ahorros.

- **Aumenta tus ingresos:** Si es posible, busca formas de generar ingresos adicionales. Podrías conseguir un trabajo extra, vender artículos que ya no usas, o aprovechar tus habilidades para emprender un proyecto paralelo. Cada ingreso extra te acerca más a tus metas financieras.

Seguimiento del Ahorro

- **Establecer un Presupuesto:** Crear y seguir un presupuesto es fundamental para saber exactamente a dónde va tu dinero y descubrir oportunidades de ahorro. Hoy en día, existen aplicaciones y plantillas en línea que facilitan esta tarea. En capítulos anteriores, te proporcioné una plantilla gratuita para que crees tu propio presupuesto. ¡Aprovéchala!

- **Reducir Gastos:** Utiliza aplicaciones de seguimiento de gastos para analizar tus patrones de consumo. Esto te ayudará a identificar áreas donde puedes recortar sin sacrificar calidad de vida. A veces, pequeños ajustes en tus hábitos pueden tener un gran impacto en tus finanzas.

- **Automatización del Ahorro:** Una de las formas más efectivas de ahorrar de manera constante es automatizar el proceso. Configura transferencias automáticas desde tu cuenta bancaria hacia una cuenta de ahorros cada mes. Esto asegura que estés ahorrando regularmente sin siquiera pensarlo, haciendo del ahorro un hábito automático.

¡Es el Momento de Actuar!

Con estos consejos y herramientas, empezarás a ver resultados antes de lo que imaginas. Cada pequeño paso que des te acerca más a tus sueños. Recuerda, no se trata solo de cuánto ahorras, sino de la constancia con la que lo haces. ¡Ahora es el momento de poner en marcha estos consejos y convertir tus metas financieras en una realidad tangible!

Capítulo 8: Hacer Crecer Tus Ahorros

Hasta ahora, hemos hablado de la importancia de ahorrar y cómo establecer tus objetivos financieros. Pero ¿qué puedes hacer para que ese dinero ahorrado trabaje a tu favor? En este capítulo, exploraremos las herramientas clave que tienes a tu disposición.

Ahorro vs. Inversión

Es crucial entender la diferencia entre ahorrar e invertir. El ahorro es simplemente la parte de tus ingresos que no gastas, guardada para el futuro. La inversión, en cambio, es tomar ese dinero ahorrado y ponerlo a trabajar, con el objetivo de generar rendimientos superiores.

Mecanismos de Ahorro e Inversión

- **Cuenta de Ahorros:** Es el mecanismo más básico y seguro para guardar tu dinero. Tu dinero estará disponible cuando lo necesites, generando un pequeño interés. Aunque las tasas son bajas, es ideal para mantener liquidez.

- **Fondos de Inversión Colectiva (FIC):** Estos fondos son una excelente opción para invertir a mediano y largo plazo. Al participar en un FIC, accedes a una cartera diversificada de activos gestionada por expertos, lo que puede ofrecerte una mayor rentabilidad comparado con una cuenta de ahorros.

- **Certificados de Depósito a Término (CDT):** Los CDT son instrumentos de renta fija donde depositas tu dinero por un plazo determinado, recibiendo una tasa de interés superior a la de una cuenta de ahorros, a cambio de no poder retirar el dinero hasta el final del período.

Elige la Herramienta Adecuada para Ti

Hoy en día, existen innumerables formas de ahorrar e invertir. Incluso hay aplicaciones y programas diseñados para ayudarte a hacerlo de manera más eficiente y con la posibilidad de ganar intereses. La elección de la herramienta adecuada depende de tus necesidades, cuánto puedes ahorrar, y qué tan enfocado estás en alcanzar tus metas financieras.

Comparativa de Alternativas de Ahorro

Cada mecanismo tiene sus propias características en cuanto a rentabilidad, costos, condiciones y ventajas. Es fundamental que analices tus objetivos, plazos y perfil de riesgo para elegir la mejor opción o combinar varias de ellas. Por ejemplo, si necesitas liquidez a corto plazo, una cuenta de ahorros es ideal. Pero si buscas mayores rendimientos a mediano o largo plazo, los FIC o los CDT pueden ser más adecuados.

¡Hora de Poner tu Dinero a Trabajar!

Con estas herramientas en mente, es momento de poner en práctica lo aprendido y hacer que tu dinero empiece a trabajar por ti. No te conformes con dejarlo quieto en una cuenta básica; explora tus opciones y maximiza tus resultados. ¡Tu futuro financiero está en tus manos!

Capítulo 9: La Cuenta de Ahorros

Las cuentas de ahorros pueden parecer simples, pero son mucho más que un lugar donde dejar tu dinero. Si las usas bien, pueden ser una herramienta poderosa para hacer crecer tus ahorros. Vamos a descubrir juntos cómo sacarles el máximo provecho.

¿Cómo Funciona una Cuenta de Ahorros?

Una cuenta de ahorros es un lugar seguro donde puedes guardar tu dinero y verlo crecer con el tiempo. A diferencia de una cuenta corriente, donde el dinero entra y sale a diario, aquí la idea es dejar que tu saldo aumente para que genere intereses.

Sí, esos intereses suelen ser pequeños (entre el 1% y el 4% al año), pero cada peso cuenta. Con el tiempo, y un poco de paciencia, verás cómo tu dinero comienza a multiplicarse. Y lo mejor, ¡sin hacer nada más que dejarlo ahí!

Tipos de cuentas de ahorros

Existen diferentes variantes de cuentas de ahorros, cada una con características particulares:

- **Cuentas de Ahorro Tradicionales:** Son las más comunes y ofrecen tasas de interés básicas.

- **Cuentas de Ahorro de Alta Tasa:** Pagan tasas de interés más altas, a cambio de mayores saldos mínimos.

- **Cuentas de Ahorro para Niños y Jóvenes:** Diseñadas para incentivar el hábito del ahorro desde edades tempranas.

- **Cuentas de Ahorro Vinculadas a Inversiones:** Permiten combinar el ahorro con opciones de inversión más sofisticadas.

Ventajas y Consideraciones

La principal ventaja de una cuenta de ahorros es su liquidez: puedes acceder a tu dinero en cualquier momento sin penalizaciones. Además, tu capital está protegido y genera intereses, aunque modestos, de manera pasiva.

Sin embargo, debes considerar factores como la tasa de interés ofrecida, los requisitos de saldo mínimo y las comisiones o cobros asociados. También es importante elegir una institución financiera sólida, confiable y segura.

Definitivamente, una cuenta de ahorros bien seleccionada puede ser la piedra angular de tus metas financieras a corto y mediano plazo. Es fundamental tener en mente que el propósito principal es desarrollar el hábito del ahorro para alcanzar esas metas. Mantén tu objetivo en mente y sigue adelante paso a paso. ¡Vamos a explorar juntos las mejores opciones!

Ejemplos de cuentas de ahorro

Al momento de escribir este contenido, encontramos opciones más clásicas y tradicionales y nuevas alternativas llamados neobancos. Compararemos tres opciones populares de cuentas de ahorro en Colombia: Nubank, Bancolombia (un banco más clásico y tradicional) y Ualá.

Esta tabla comparativa te ayudará a visualizar las características principales de cada una y elegir la que mejor se adapte a tus necesidades.

Tabla comparativa cuentas de ahorro

Característica	Nubank	Bancolombia	Ualá
Tipo de Banco	Neobanco	Tradicional	Neobanco
Interés anual	13%	0.05%	13%
Cuota de manejo	No cobra	Desde $14.000 COP/mes	No cobra
Montos mínimos	No hay	No hay	No hay
Retiros en cajeros automáticos	$6.800 por retiro	Cobro por transacción	Sin costo dentro de la red Bancolombia y 4 retiros gratis en otras redes
Tarjeta física	Sí, con costo de emisión y mantenimiento mensual	Sí, con costo de emisión y mantenimiento mensual	Sí, Sin costo de emisión y mantenimiento mensual
Pagos de servicios públicos	Sí	Sí	Sí

| Transferencias nacionales | Sin costo | Sin costo | Sin costo |
| Límites Depósito | Sin limites | Sin limites | Límite para cuentas depósito de bajo monto[1]. |

Análisis detallado

Nubank:

- Destaca por su alto interés anual del 13%, uno de los más competitivos del mercado.

- No cobra cuota de manejo ni exige montos mínimos, lo que la hace una opción atractiva para quienes buscan una cuenta simple y económica.

- Ofrece tarjeta física con costo de emisión y mantenimiento mensual (esto puede variar)

- Permite retiros dependiendo de la red tendrá costo adicional.

- Posibilita pagos de servicios públicos, transferencias nacionales e internacionales, todo desde la app.

Bancolombia:

---

[1] Son tipos de cuentas que tienen ciertos beneficios y limitantes en comparación con los bancos tradicionales. Por ejemplo, el límite de ahorro para cuentas de depósito de bajo monto para el año 2024 es de alrededor de $9.900.00 pesos colombianos.

- Presenta un interés anual bajo (0.05%), pero cuenta con una amplia red de cajeros automáticos para retiros sin costo.

- Cobra cuota de manejo a partir de 14.000 COP/mes, lo que la hace menos atractiva para quienes manejan saldos bajos.

- Ofrece tarjeta física con costo de emisión y mantenimiento mensual. Existen opciones sin costo.

- Permite pagos de servicios públicos, transferencias nacionales e internacionales.

- Tiene una plataforma potente para pagos y está integrada con la plataforma de Nequi.

- Es una opción para considerar si valoras la amplitud de la red Bancolombia y no te importa un interés anual bajo.

Ualá:

- Igual que Nubank, ofrece un interés anual del 13%, posicionándose entre las cuentas más rentables.

- No cobra cuota de manejo ni exige montos mínimos, al igual que Nubank.

- Brinda tarjeta física sin costo de emisión y mantenimiento mensual.

- Permite retiros sin costo dentro de la red Servibanca.

- Ofrece pagos de servicios públicos, transferencias nacionales.

- Tiene un límite de depósito por ser un tipo de cuenta de bajo monto.

- Se presenta como una alternativa competitiva a Nubank, con características similares y la misma tasa de interés.

Consideraciones adicionales

- **Seguridad:** Investiga las medidas de seguridad que cada banco ofrece para proteger tu dinero y datos personales.

- **Atención al cliente:** Evalúa la calidad de la atención al cliente que ofrece cada entidad, en caso de que necesites asistencia.

- **App móvil:** Compara las funcionalidades de las aplicaciones móviles de cada banco para asegurarte de que te sean útiles y fáciles de usar.

- **Necesidades personales:** Reflexiona sobre tus necesidades específicas como ahorrador (monto a ahorrar, frecuencia de transacciones, etc.) para elegir la cuenta que mejor se adapte a ti.

La mejor cuenta de ahorro para ti dependerá de tus necesidades y prioridades individuales. Utiliza la tabla comparativa y el análisis detallado como punto de partida para tu investigación y toma una decisión informada.

Recuerda que además de las opciones mencionadas, existen otras entidades financieras que ofrecen cuentas de ahorro. No dudes en comparar y evaluar diferentes alternativas antes de abrir una cuenta.

Capítulo 10: Fondos de Inversión Colectiva

Hasta ahora, hemos explorado la cuenta de ahorros como una herramienta fundamental para acumular y resguardar tus recursos financieros. Pero si quieres dar un paso más allá y hacer que tu dinero trabaje de una manera más activa, los Fondos de Inversión Colectiva (FIC) son una excelente opción para considerar.

Fondos de inversión colectiva

Los FIC son vehículos de inversión que puedes ser usado para ahorradores. Entre sus características destacan que reúnen los aportes de múltiples inversionistas para conformar una cartera diversificada de activos, como acciones, bonos, bienes raíces, entre otros. Esta cartera es administrada por expertos, quienes se encargan de tomar las decisiones de inversión buscando generar los mejores rendimientos.

Al iniciarte en un FIC, obtienes varias ventajas clave:

Diversificación: Al participar en un FIC, tu dinero se distribuye entre diferentes activos, lo que reduce significativamente el riesgo en comparación a invertir individualmente.

Profesionalismo: Los FIC cuentan con equipos de gestión altamente capacitados, que se encargan de analizar el mercado y tomar decisiones de inversión informadas.

Accesibilidad: Puedes acceder a oportunidades de inversión sofisticadas con montos de entrada relativamente bajos, a diferencia de invertir directamente.

Rendimientos potencialmente más altos: Históricamente, los FIC han ofrecido tasas de retorno superiores a las cuentas de ahorro tradicionales, en el rango del 4% al 10% anual.

Claro está, al invertir en FIC también debes considerar algunos aspectos clave:

Riesgo: Aunque los FIC son menos riesgosos que inversiones individuales, siempre conllevan un cierto nivel de exposición al mercado.

Costos: Los FIC suelen cobrar comisiones de administración, que pueden variar entre el 1% y el 3% anual.

Liquidez: Dependiendo del tipo de FIC, es posible que existan restricciones o plazos mínimos para poder retirar tu dinero.

Al evaluar cuidadosamente estas características, podrás elegir el FIC que mejor se adapte a tus objetivos, perfil de riesgo y horizonte de inversión. Verás cómo tu dinero puede trabajar de una manera más inteligente.

Capítulo 11: CDT´s

La Opción Segura para Hacer Crecer tus Ahorros

En el mundo de las finanzas personales, los Certificados de Depósito a Término (CDT) son una herramienta de inversión que merece especial atención. Si bien no son tan conocidos como las cuentas de ahorro o los fondos de inversión, los CDT ofrecen una forma segura y predecible de hacer que tu dinero trabaje a tu favor.

¿Qué son los CDT y cómo funcionan?

Los CDT son instrumentos de renta fija emitidos por entidades financieras, en los cuales depositas una suma de dinero por un plazo determinado, a cambio de una tasa de interés fija.

Por ejemplo, podrías abrir un CDT a 1 año con una tasa del 10% anual. Esto significa que si depositas $2.500 USD, al final del año recibirás tu capital original más $250 USD de intereses. Para un total de $2.750 USD.

Tasas de interés y plazos disponibles

Las tasas de interés de los Certificados de Depósito a Término (CDT) generalmente oscilan entre el 4% y el 7% anual, dependiendo del plazo y del banco emisor. Sin embargo, debido a la pandemia, hemos observado un aumento en las tasas de interés, llegando incluso al 15% anual en los últimos meses. Los plazos típicos varían desde 30 días hasta 5 años, aunque algunas instituciones ofrecen opciones de plazo más largo. Como titular de un CDT, tienes la libertad de elegir el plazo que mejor se adapte a tus necesidades financieras.

Beneficios y riesgos de los CDT

La principal ventaja de los CDT es la seguridad y predictibilidad de los rendimientos. Al tener una **tasa de interés fija durante el plazo de inversión**, puedes planificar con certeza tus ganancias. Además, tu capital está protegido mientras mantengas el CDT hasta su vencimiento.

Sin embargo, también hay que considerar algunos riesgos y limitaciones de este instrumento:

- Penalizaciones por retiros anticipados.
- Posible erosión del poder adquisitivo por la inflación a largo plazo.
- Tasas de interés fijas, que pueden quedar rezagadas en entornos de alza de tasas.

Por eso es importante analizar tus objetivos y plazos, para elegir la duración del CDT que mejor se ajuste a tus necesidades. Combinarlos con otras alternativas de inversión también puede ser una estrategia interesante.

Ahora que conoces los CDT, puedes considerar incluirlos en tu portafolio de ahorro y más adelante en el portafolio de inversión.

Capítulo 12: Opciones Innovadoras Digitales

El mundo está cambiando rápidamente, y la manera en que manejamos nuestro dinero no es la excepción. Hoy en día, gracias a la tecnología, tenemos más formas que nunca para ahorrar, invertir y hacer crecer nuestros ahorros. Ya no dependemos solo de los métodos tradicionales; ahora tenemos a nuestro alcance un abanico de herramientas innovadoras que pueden transformar la forma en que pensamos sobre nuestras finanzas.

La Revolución Fintech

¿Te imaginas poder manejar tus ahorros y hacer inversiones sin tener que pisar un banco? ¡Bienvenido a la revolución fintech! Estas empresas tecnológicas están cambiando las reglas del juego, ofreciendo soluciones más ágiles, accesibles y personalizadas que los bancos convencionales.

Desde cuentas de ahorro en línea que ofrecen mejores tasas de interés, hasta robots-asesores que gestionan tus inversiones automáticamente, las fintech han hecho que herramientas financieras avanzadas estén al alcance de todos. No importa si eres un experto en finanzas o un principiante, ahora puedes tener un mayor control sobre tu dinero de manera sencilla y práctica.

Apps de Seguimiento y Presupuesto

Ahorrar es mucho más fácil cuando sabes exactamente en qué estás gastando. Afortunadamente, existen muchas aplicaciones móviles que te ayudan a llevar un seguimiento detallado de tus ingresos, gastos y metas de ahorro.

Con solo unos toques en tu pantalla, puedes conectar tus cuentas bancarias, organizar tus transacciones y obtener informes personalizados que te muestran dónde puedes recortar gastos. Algunas apps incluso te sugieren presupuestos automatizados, convirtiendo el ahorro en un hábito que requiere poco esfuerzo de tu parte.

Microsavings y Redondeos Automáticos

Una de las tendencias más interesantes en el mundo del ahorro es la posibilidad de apartar pequeñas sumas de dinero sin que lo notes. Con los *microsavings*, puedes destinar los pequeños cambios de tus compras diarias a una cuenta de ahorros. Y los *redondeos automáticos* hacen algo similar: redondean tus transacciones al peso más cercano y transfieren la diferencia a un fondo de inversión.

Estas herramientas hacen que ahorrar sea casi un acto subconsciente. Sin darte cuenta, estarás construyendo un fondo de emergencia o ahorrando para esas vacaciones soñadas, simplemente viviendo tu vida diaria.

La Nueva Realidad del Ahorro

Hoy en día, tenemos más opciones que nunca para manejar nuestro dinero. La tecnología nos ha dado herramientas sofisticadas, personalizadas y accesibles para hacer que nuestros ahorros crezcan. Así que no te quedes con lo tradicional; atrévete a explorar las soluciones fintech y descubre cómo puedes aprovechar al máximo la era digital para construir el futuro financiero que deseas.

Capítulo 13: Tu ahorro en el Largo Plazo

Hasta ahora, has aprendido mucho sobre cómo ahorrar y qué herramientas usar para hacer crecer tu dinero. Pero hay algo que no podemos pasar por alto: asegurar que el valor de esos ahorros se mantenga, e incluso crezca, con el tiempo.

Estrategias para que tu Dinero Rinda Más

Sabemos que las cuentas de ahorro tradicionales son seguras y fáciles de usar, pero muchas veces, los intereses que generan apenas superan la inflación, ese incremento constante en los precios de lo que compramos día a día.

Para que tu dinero realmente trabaje para ti, es necesario que consideres otras opciones que puedan generar mayores ganancias. Aquí es donde entran los fondos de inversión colectiva: herramientas que, aunque requieren un poco más de conocimiento y disposición a asumir riesgos, pueden ofrecerte mejores rendimientos.

El Desafío de la Inflación

No dejes que tu dinero pierda valor. La inflación es como un ladrón silencioso que va disminuyendo el valor de tu dinero con el tiempo. Si tus ahorros no están generando más dinero del que la inflación se lleva, estarás perdiendo poder de compra.

Por eso, es crucial que tus ahorros crezcan a un ritmo que supere la inflación, para que no solo mantengan su valor, sino que también aumenten su capacidad de compra.

Otros Costos para tener en cuenta

Otro aspecto para considerar son los impuestos y los costos asociados con tus ahorros. Algunas inversiones generan ganancias que pueden estar sujetas a impuestos, y muchas instituciones financieras cobran comisiones o tarifas.

Estos gastos pueden reducir tus rendimientos, por lo que es importante tenerlos en cuenta al momento de elegir dónde y cómo ahorrar e invertir.

Proteger el Valor de tus Ahorros

Para asegurarte de que el valor de tus ahorros se mantenga en el tiempo, te sugiero lo siguiente:

- **Busca rendimientos que superen la inflación:** Considera combinar diferentes herramientas de ahorro e inversión que ofrezcan mejores tasas de retorno.

- **Ten en cuenta los impuestos y comisiones:** Asegúrate de que tus ganancias netas sean lo más altas posible después de descontar estos costos.

- **Diversifica tus ahorros:** No pongas todos tus huevos en la misma canasta. Distribuir tus ahorros en diferentes tipos de activos puede ayudarte a reducir riesgos.

- **Mantén un seguimiento constante:** Revisa regularmente tus finanzas y ajusta tu estrategia cuando sea necesario para asegurarte de que estás en el camino correcto.

Aplicando estas estrategias, estarás bien encaminado para proteger y hacer crecer tus ahorros con el tiempo. ¡Vamos por más!

SECCIÓN 3:
INVERSIONES

Capítulo 14: Entendiendo la Inversión

¿Estás listo para dar ese gran paso hacia tu libertad financiera? Porque ahora vamos a sumergirnos en el apasionante mundo de la inversión, la herramienta que te ayudará a hacer que tu dinero trabaje por ti.

¿Qué es la inversión?

En pocas palabras, la inversión es el proceso de destinar una parte de tus ingresos a generar más riqueza en el futuro. En lugar de dejar tu dinero guardado, lo pones a trabajar para que siga creciendo. Piensa en la inversión como sembrar una semilla que, con el tiempo y los cuidados adecuados, se convertirá en un árbol frondoso que dará frutos.

Ahora, te preguntarás:

¿Por qué es tan importante invertir?

La respuesta es sencilla: la inflación. Ese aumento constante en el costo de las cosas hace que, si no haces crecer tu dinero, su poder adquisitivo se esté desgastando poco a poco. Imagina que tienes $500 USD guardados bajo el colchón. Dentro de un año, esos $500 USD probablemente no te alcancen para comprar lo mismo que hoy. Pero si hubieras invertido ese dinero, podrías haber ganado rendimientos que superaran la inflación, manteniendo el valor real de tu capital.

¿Te das cuenta de la importancia? Invertir es la clave para proteger el valor de tu dinero y hacerlo crecer a lo largo del tiempo. Es la forma de asegurar que tus esfuerzos de ahorro se traduzcan en un futuro financiero más sólido y próspero.

Invertir No es Tan Complicado

Sé que todo esto puede sonar un poco complicado al principio, pero no te preocupes. En los siguientes capítulos vamos a explorar a fondo los diferentes elementos clave de la inversión, como el rendimiento, el riesgo, y los plazos. Además, te ayudaré a descubrir cuál es tu perfil de inversionista ideal.

Invertir es como aprender a montar en bicicleta: al principio puede parecer intimidante, pero una vez que agarras el ritmo, te das cuenta de que el esfuerzo vale la pena. No importa si eres un principiante total o si ya tienes algo de experiencia; mi objetivo es guiarte paso a paso, para que te sientas seguro y confiado en cada decisión que tomes.

Tu Dinero, Tu Futuro

Recuerda, yo estaré aquí para guiarte en este camino. Mi misión es empoderarte, para que descubras el verdadero poder que tiene tu dinero cuando lo pones a trabajar. ¡Así que prepárate para iniciar un viaje emocionante hacia tu libertad financiera!

Capítulo 15: Elementos Clave de la Inversión

Ahora que entendemos la importancia de invertir, es momento de conocer los elementos fundamentales que debes tener en cuenta al momento de tomar tus decisiones de inversión. Presta mucha atención, porque estos conceptos serán la base para que logres resultados exitosos.

El Rendimiento de una inversión

El primero de ellos es el rendimiento. Esto se refiere a la ganancia que obtendrás de tu inversión, expresada generalmente como un porcentaje de la cantidad que has invertido. Por ejemplo, si inviertes $100 USD y recibes $110 USD al final, tu rendimiento sería del 10%.

Obviamente, entre más alto sea el rendimiento, mejor para tus finanzas. Pero aquí entra en juego el segundo elemento clave: el riesgo.

El Riesgo de una inversión

El riesgo es la incertidumbre sobre los resultados que obtendrás de tu inversión. Mientras más alta sea la posibilidad de ganar, también será mayor la posibilidad de perder.

Plazo de la inversión

Por último, tenemos el plazo. Este se refiere al tiempo que debes mantener tu dinero invertido para lograr los resultados esperados. Algunas inversiones requieren que mantengas tu dinero por períodos más cortos, mientras que otras son a más largo plazo.

Ahora bien, ¿cómo equilibras estos tres elementos? Bueno, la regla general es que, a mayor riesgo y plazo, mayor será el potencial de rendimiento. Esto quiere decir que, si estás dispuesto a asumir más riesgo y a mantener tu dinero invertido por más tiempo, podrás obtener mayores ganancias.

Sin embargo, no todos los inversionistas tienen el mismo perfil. Algunos son más conservadores y prefieren seguridad, mientras que otros son más arriesgados y buscan maximizar sus rendimientos. En el próximo capítulo, te ayudaré a identificar cuál es tu perfil y cómo puedes alinearlo con las mejores opciones de inversión.

Recuerda, el secreto está en encontrar el equilibrio perfecto entre rendimiento, riesgo y plazo. Tómate el tiempo de entender estos conceptos y verás cómo tus finanzas comienzan a florecer.

Capítulo 16: Tu Perfil de Inversionista

Ahora que ya conoces los elementos clave de la inversión, es momento de que descubramos cuál es tu perfil como inversionista. Esto es fundamental, porque tu perfil personal va a determinar las mejores alternativas de inversión para ti.

Existen tres perfiles principales de inversionistas:

Perfil Conservador

Si te defines como una persona conservadora, probablemente le tienes cierto temor al riesgo. Eres cauteloso con tus decisiones financieras y prefieres opciones de inversión más seguras, aunque eso signifique sacrificar un poco de rendimiento. Tu prioridad es proteger tu capital, aun si eso implica crecer de forma más lenta.

Perfil Moderado

Si tu perfil es más intermedio, eres una persona que busca un equilibrio entre la seguridad y el crecimiento. Estás dispuesto a asumir cierto nivel de riesgo, pero con la prudencia de no exponerte demasiado. Tu objetivo es generar rendimientos constantes y sostenibles en el mediano y largo plazo.

Perfil Agresivo

Por otro lado, si eres una persona con un perfil de inversionista agresivo, tienes una alta tolerancia al riesgo. Buscas maximizar tus ganancias, incluso si eso implica asumir mayores niveles de incertidumbre. Eres propenso a invertir en activos más volátiles, con la esperanza de obtener retornos superiores.

Ahora bien, ¿cómo puedes identificar cuál es tu perfil? Analiza aspectos como tu edad, tu situación financiera actual, tus conocimientos sobre inversiones y tu carácter. También reflexiona sobre tus objetivos a corto, mediano y largo plazo.

Recuerda que no hay un perfil "mejor" que otro. Lo importante es que logres identificar cuál se ajusta más a tu personalidad y a tus necesidades. Así podrás seleccionar las opciones de inversión más adecuadas para ti y alcanzar tus metas financieras.

En los próximos capítulos, te mostraré diferentes alternativas de inversión y cómo pueden adaptarse a cada uno de estos perfiles. Prepárate para descubrir el camino de inversión que más te conviene.

Capítulo 17: La Psicología del Dinero

El dinero no es solo números en una cuenta bancaria o billetes en la billetera. Es mucho más que eso. El dinero tiene un poder especial: influye en nuestras emociones, decisiones y, en última instancia, en nuestras vidas. En este capítulo, vamos a explorar cómo nuestras emociones y comportamiento afectan la forma en que manejamos el dinero.

El Impacto Emocional del Dinero

¿Alguna vez te has sentido eufórico después de una compra grande? ¿O ansioso cuando ves que tus ahorros disminuyen? Estas emociones son normales, pero pueden llevarnos a tomar decisiones que no siempre son las mejores para nuestro bienestar financiero.

El ciclo emocional del dinero

- **Euforia**: Sentirse invencible después de una ganancia inesperada o un ascenso en el trabajo puede llevar a gastar impulsivamente.

- **Ansiedad**: La preocupación constante por el dinero puede hacer que evitemos tomar decisiones importantes, como invertir o planificar a largo plazo.

- **Culpa**: Después de una compra impulsiva, podemos sentir remordimiento, lo que nos lleva a restricciones financieras innecesarias.

Comportamientos Comunes que Afectan Nuestras Finanzas

Todos tenemos patrones de comportamiento que se repiten cuando manejamos nuestro dinero. Estos patrones pueden ser positivos o negativos, pero lo importante es reconocerlos para poder gestionarlos.

Comportamientos comunes:

- **Compra impulsiva:** Ese deseo de comprar algo en el momento, sin pensar en las consecuencias, es una de las formas más comunes de perder el control financiero.

- **Ahorro excesivo o "Ahorro del miedo":** Aunque ahorrar es importante, hacerlo de manera exagerada por miedo a perder dinero puede limitar nuestra capacidad de disfrutar el presente y aprovechar oportunidades.

- **Procrastinación financiera:** Posponer decisiones financieras importantes, como crear un presupuesto o invertir, debido al temor o la falta de conocimiento.

Tomando el Control de las Emociones

La clave para manejar bien el dinero no está solo en saber cómo funciona, sino en saber cómo manejamos nuestras emociones en relación con él. Aquí te doy algunas estrategias para tomar el control:

Estrategias para gestionar tus emociones

- **Reconocer tus emociones:** Antes de hacer una compra o tomar una decisión financiera importante, tómate un momento para identificar cómo te sientes. ¿Estás emocionado, estresado o simplemente aburrido?

- **Crear un plan**: Tener un plan financiero te ayudará a mantenerte enfocado y reducir la influencia de las emociones momentáneas. Un presupuesto o un objetivo de ahorro claro pueden ser tu guía en tiempos de duda.

- **Practicar la gratitud**: Apreciar lo que ya tienes puede reducir el impulso de gastar en cosas innecesarias y ayudarte a tomar decisiones más racionales.

Cambia tu Mentalidad

Cambiar la forma en que piensas sobre el dinero puede tener un impacto profundo en tu vida financiera. La mentalidad de abundancia, por ejemplo, te permite ver oportunidades donde otros ven obstáculos.

Cómo cambiar tu mentalidad:

- **Visualiza tu éxito financiero**: Imagina cómo te sentirías al alcanzar tus metas financieras. Esta visualización positiva puede motivarte a seguir adelante.

- **Aprende de tus errores**: Todos cometemos errores financieros. Lo importante es no castigarse por ellos, sino aprender y crecer. Cada error es una oportunidad para mejorar.

- **Rodéate de influencias positivas**: Las personas con las que te rodeas pueden influir en tus decisiones financieras. Busca amigos, mentores o grupos que te inspiren a manejar mejor tu dinero.

Haciendo el Cambio Sostenible

Transformar la relación con el dinero no sucede de la noche a la mañana. Es un proceso continuo de aprendizaje y ajuste. Sin embargo, con la práctica, puedes convertirte en el maestro de tus emociones y tomar decisiones financieras que te acerquen a tus sueños.

Recuerda:

- **Monitorea tu progreso**: Llevar un registro para ver patrones y hacer ajustes necesarios.

- **Recompénsate por tus logros**: Celebrar pequeños éxitos financieros.

- **Sé paciente contigo mismo**: Los cambios sostenibles toman tiempo.

Al final del día, el dinero es una herramienta. Cómo lo usas y cómo te sientes al respecto depende de ti. Al entender y gestionar mejor la psicología detrás de tus decisiones financieras, no solo mejorarás tu bienestar económico, sino que también podrás vivir una vida más plena y libre de estrés financiero.

¡Sigue adelante, confía en ti mismo, y recuerda que cada paso que das te acerca a la vida financiera que deseas!

Capítulo 18: CDT´s Parte 2

Bien, ahora que hemos hablado de los perfiles de inversionista, es momento de explorar una de las opciones más clásicas y seguras: los Certificados de Depósito a Término, también conocidos como CDT.

Entiende sus características

Recordemos lo visto en el capítulo 11, los CDT son instrumentos de inversión que ofrecen las entidades financieras, en los cuales depositas una suma de dinero por un plazo determinado a cambio de una tasa de interés fija (un rendimiento fijo). Es decir, es una forma de prestar tu dinero al banco por un tiempo específico, a cambio de que ellos te paguen unos intereses.

Algunas de las principales características de los CDT son:

- **Rentabilidad Fija:** Los intereses que recibes están previamente estipulados y no varían durante el plazo de la inversión.

- **Plazos Variables:** Puedes elegir el tiempo por el cual quieres dejar tu dinero invertido, desde 30 días hasta varios años.

- **Accesibilidad:** Los montos mínimos de inversión suelen ser bastante asequibles, incluso para pequeños ahorradores.

- **Seguridad:** Al estar respaldados por la entidad financiera, los CDT se consideran una opción de muy bajo riesgo.

Ahora bien, ¿cuáles son las ventajas y desventajas de invertir en CDT?

Ventajas y desventajas

A continuación, vamos a describir sus ventajas y desventajas. Esto te proporcionará un panorama mas claro de cuando elegir este instrumento como una forma de inversión.

Ventajas:

- Seguridad del capital invertido.
- Rendimientos fijos y predecibles.
- Facilidad de apertura y manejo.
- Ideal para perfiles de inversionista conservadores.

Desventajas:

- Rendimientos generalmente más bajos que otras alternativas.
- Penalizaciones por retiros anticipados.
- Posible erosión del poder adquisitivo por inflación a largo plazo.

Entonces,

Aprovechar los CDT a largo plazo

La clave está en entender que los CDT pueden ser una herramienta poderosa dentro de tu portafolio de inversiones, especialmente si eres un inversionista con un perfil más conservador.

Como mencionamos anteriormente, los CDT ofrecen seguridad para tu capital y rendimientos fijos y predecibles. Esto los convierte en una alternativa ideal para construir la base de tus ahorros a largo plazo.

Imagina que tienes $1.000 USD que quieres destinar a tu jubilación. Podrías invertirlos en un CDT a 5 años, con una tasa de interés del 8,5% anual. Al final de los 5 años, tu capital alcanzaría los $1.503,9 USD, habrías acumulado $503,9 sin haber tenido que asumir riesgos elevados. Alcanzando un rendimiento del 50,3% Es decir, habrías acumulado al mitad de tu capital inicial solo por invertir.

Tabla resumen del CDT

Año	Capital Inicial	Interés (8,5%)	Capital Final
1	$1.000,00	$85,00	$1.085,00
2	$1.085,00	$92,23	$1.177,23
3	$1.177,23	$100,17	$1.277,40
4	$1.277,40	$108,68	$1.386,08
5	$1.386,08	$117,87	$1.503,95

Resumen de la inversión:

Rendimiento final: 50%

Riesgo: Bajo.

Plazo: 5 Años.

Estrategia efectiva de inversión

Ahora bien, es importante tener en cuenta que, si bien los CDT te brindan seguridad, sus rendimientos pueden quedar por debajo de la inflación a largo plazo. Por eso, la recomendación es que no destines la totalidad de tus ahorros a este instrumento.

Una estrategia efectiva sería diversificar tus inversiones, destinando una parte a CDT como base segura, y el resto a otras alternativas de mayor rendimiento, como fondos de inversión o acciones. Esto te permitirá aprovechar los beneficios de los CDT, sin dejar de lado oportunidades de crecimiento en tu portafolio.

Además, puedes considerar ir escalonando tus inversiones en CDT, es decir, abrir varios certificados con diferentes plazos de vencimiento. Así, tendrás acceso periódico a una porción de tus ahorros, sin tener que esperar al vencimiento de un único CDT a varios años.

De esta manera, los CDT se convierten en un pilar fundamental para construir tu patrimonio a largo plazo, brindándote la tranquilidad de saber que una parte de tus ahorros está segura y generando rendimientos constantes.

¿Te animas a incluir los CDT en tu plan de inversiones?

Recuerda, la clave está en encontrar el equilibrio adecuado entre seguridad y crecimiento para alcanzar tus metas financieras.

Capítulo 19: FIC´s Parte 2

Bien, ahora que hemos explorado los Certificados de Depósito a Término (CDT), es momento de sumergirnos en otra herramienta clave para tu portafolio de inversiones: los Fondos de Inversión Colectiva, también conocidos como FIC.

Recordemos, ¿qué son exactamente los FIC? Estos son vehículos de inversión que reúnen los aportes de múltiples inversionistas para conformar una cartera diversificada de activos, como acciones, bonos, bienes raíces y más. Esta cartera es administrada por expertos, quienes se encargan de tomar las decisiones de inversión buscando generar los mejores rendimientos.

Ahora, ¿cuáles son los principales beneficios de invertir en FIC?

Beneficios de invertir en FIC´s

Diversificación: Al participar en un FIC, tu dinero se distribuye entre diferentes activos, lo que reduce significativamente el riesgo en comparación a invertir individualmente.

Profesionalismo: Los FIC cuentan con equipos de gestión altamente capacitados, que se encargan de analizar el mercado y tomar decisiones informadas.

Accesibilidad: Puedes acceder a oportunidades de inversión sofisticadas con montos de entrada relativamente bajos, a diferencia de invertir directamente.

Potencial de Mayores Rendimientos: Históricamente, los FIC han ofrecido tasas de retorno superiores a las cuentas de ahorro tradicionales, en el rango del 4% al 10% anual.

Consideraciones para invertir en un FIC

Sin embargo, también hay algunas consideraciones para tener en cuenta al invertir en FIC:

Riesgo: Aunque los FIC son menos riesgosos que las inversiones individuales, siempre conllevan cierto nivel de exposición al mercado.

Costos: Los FIC suelen cobrar comisiones de administración, que pueden variar entre el 1% y el 3% anual.

Liquidez: Dependiendo del tipo de FIC, puede haber restricciones o plazos mínimos para poder retirar tu dinero.

Integrar los FIC con tu estrategia

Ahora bien, ¿cómo puedes integrar los FIC dentro de una estrategia de inversión más amplia? Una opción interesante es destinar una parte de tus ahorros a FIC, especialmente aquellos que se ajusten a tu perfil de inversionista (conservador, moderado o agresivo).

De esta manera, podrás diversificar tu portafolio, aprovechar el profesionalismo de los gestores y obtener rendimientos potencialmente más altos que las cuentas de ahorro tradicionales. Además, los FIC pueden ser un complemento ideal a tus inversiones en CDT u otros activos.

Recuerda, la clave está en encontrar el equilibrio adecuado entre los diferentes instrumentos de inversión para alcanzar tus metas financieras. ¡Así que no dudes en incluir los FIC como parte de tu estrategia!

A continuación, te presento algunos ejemplos de Alternativas de Inversión FIC.

Tabla de Fondos de Inversión

Perfil de Riesgo	Fondo de Inversión	URL
Conservador	Fondo Accival Vista	FIC Accival Vista
Moderado	Fondo Balanceado Activo Davivienda	FIC Balanceado
Arriesgado	Fondo Balanceado Global BBVA	FIC Riesgo Alto

Nota: Esta tabla es solo una presentación general de los fondos de inversión y no debe considerarse como una recomendación de inversión. Es importante que realice su propia investigación y consulte con un asesor financiero antes de tomar cualquier decisión de inversión.

Pero ojo, esto solo es un resumen. Antes de lanzarte a invertir, es importante que:

- **Investigues un poco más:** Busca información sobre cada fondo, como su rentabilidad histórica, comisiones, inversión mínima, estrategia de inversión y riesgos.

- **Consultes con un asesor financiero:** Un experto te ayudará a elegir el fondo que mejor se adapte a tus necesidades y objetivos.

Es genial que estés considerando invertir. ¿Sabías que la mayoría, si no todos, los bancos ofrecen opciones de inversión como Certificados de Depósito a Término (CDT) y Fondos de Inversión Colectiva (FIC)? La mejor parte es que suelen ofrecer beneficios exclusivos a sus clientes, como tasas de interés más atractivas, modalidades flexibles y comisiones más bajas. Entonces, si ya tienes una cuenta en algún banco, no dudes en acercarte y preguntar qué opciones tienen especialmente para ti.

Capítulo 20: Invierte en acciones

Ahora que hemos explorado las opciones de inversión más conservadoras, es momento de adentrarnos en un mundo un poco más emocionante: la inversión **en renta variable**, es decir, en acciones.

Las acciones son instrumentos de capitalización que representan una participación en el capital de una empresa. Cuando inviertes en acciones, te conviertes en copropietario de dicha compañía y tienes derecho a recibir una parte de sus utilidades.

¿Cómo funciona exactamente las acciones?

Bueno, el precio de las acciones fluctúa constantemente de acuerdo con la oferta y la demanda en el mercado. Si el desempeño de la empresa mejora, es probable que el valor de sus acciones aumente. Por el contrario, si la empresa enfrenta dificultades, el precio de sus acciones puede bajar.

Tipos de Acciones

Ahora bien, no todas las acciones son iguales. Existen diferentes tipos, cada uno con sus propias características:

Acciones Defensivas: Son aquellas de empresas que tienen ingresos y flujos de caja relativamente estables, sin importar las condiciones del mercado. Suelen ser menos volátiles.

Acciones de Alto Crecimiento: Pertenecen a empresas con expectativas de crecimiento significativo en el mediano y largo plazo, generalmente del sector tecnológico o de innovación.

Acciones Blue Chips: Son los títulos de las compañías líderes en sus respectivos sectores, con sólida reputación y alta liquidez en el mercado.

Acciones de Alta Especulación: Estas corresponden a empresas más pequeñas y de baja capitalización, que suelen atraer a inversionistas con apetito por el riesgo.

Como puedo adquirir acciones de una empresa

Y, ¿dónde puedes adquirir estas acciones? En la **Bolsa de Valores**, que es el mercado donde se reúnen compradores y vendedores para negociar estos instrumentos. Para participar, puedes hacerlo de forma directa o a través de un asesor de inversiones, los llamado corredores de bolsa. Hoy en día, también puedes encontrar opciones más innovadoras como apps y software especializado.

Recuerda que, si bien invertir en acciones puede generar rentabilidades atractivas, también implica asumir un mayor nivel de riesgo. Por eso, es importante que entiendas bien tu perfil de inversionista y diversifiques tus inversiones.

¿Te animas a explorar este emocionante mundo de la renta variable?

Capítulo 21: Alternativas de Inversión

En el capítulo anterior, te adentramos en el fascinante mundo de las inversiones tradicionales, esas que han formado parte del panorama financiero durante décadas. Pero ¿y si te dijera que existen alternativas igual de válidas, emocionantes y con el potencial de llevar tu patrimonio al siguiente nivel?

En este capítulo, nos embarcaremos en un viaje hacia el universo de las **inversiones alternativas**, esas opciones que se alejan de los caminos trillados y nos abren las puertas a un mundo de posibilidades. Prepárate para descubrir nuevos horizontes financieros y explorar estrategias poco convencionales, pero altamente rentables.

Bienes Raíces

Definitivamente, los bienes raíces han sido un pilar de estabilidad y crecimiento financiero a lo largo de la historia. Tanto si decides invertir en una propiedad para alquilar como si optas por adquirir terrenos para su desarrollo, el sector inmobiliario sigue siendo una opción muy atractiva para muchos inversionistas. Además, hoy en día, existen nuevas modalidades de inversión, como la posibilidad de alquilar una parte de una propiedad o incluso una fracción de esta, lo que amplía las oportunidades para aquellos interesados en este mercado.

¿Te suena interesante?

- **Ventajas:** Inversión **tangible**, potencial de valoración del valor de los activos, ingresos pasivos por alquileres, diversificación del portafolio.

- **Desventajas:** Alta inversión inicial, poca liquidez, riesgo asociado a cambios en el mercado inmobiliario.

Metales Preciosos y Materias Primas

El oro, la plata y otros metales preciosos han sido considerados como activos de refugio durante tiempos de incertidumbre económica.

Las materias primas, como el petróleo, el gas natural y los granos, también pueden ser inversiones atractivas debido a su demanda global.

Además, pueden funcionar bien como un refugio en tiempos inciertos.

¿Te llama la atención?

- **Ventajas:** Protección contra la inflación, diversificación del portafolio, cobertura contra riesgos geopolíticos.

- **Desventajas:** Volatilidad del precio, riesgo de almacenamiento, impacto ambiental de la extracción de materias primas.

Startups y Fintech

Las startups (empresas de base tecnológica) y las empresas de tecnología financiera (fintech) están revolucionando diversos sectores, desde la forma en que hacemos pagos hasta la manera en que gestionamos nuestras finanzas. Invertir en estas empresas emergentes puede ser una forma de participar en el futuro de la innovación y obtener grandes retornos.

¿Te entusiasma?

- **Ventajas:** Alto potencial de crecimiento, exposición a nuevas tecnologías, apoyo a emprendimientos disruptivos.

- **Desventajas:** Alto riesgo, baja liquidez, dificultad para evaluar el potencial de las empresas.

Divisas y Criptoactivos

El mercado de divisas y el fascinante mundo de las criptomonedas ofrecen oportunidades para aquellos con apetito por el riesgo y conocimientos sobre el mercado global.

Invertir en diferentes divisas o en criptomonedas como Bitcoin o Ethereum puede ser una forma de diversificar tu portafolio y aprovechar las fluctuaciones del mercado.

¿Te intriga?

- **Ventajas:** Potencial de altas ganancias, diversificación global, protección contra la inflación.

- **Desventajas:** Alta volatilidad, riesgo de estafas, complejidad del mercado de criptomonedas.

Crowdfunding y Crowdlending

El Financiamiento Colaborativo, conocidos como crowdfunding y el crowdlending son plataformas que permiten a las personas invertir en proyectos o prestar dinero a empresas y particulares de forma colectiva.

Esta modalidad ofrece la posibilidad de apoyar emprendimientos y obtener retornos a cambio de tu inversión.

¿Te inspira?

- **Ventajas:** Acceso a una amplia gama de proyectos, inversión con impacto social, potencial de altas ganancias.

- **Desventajas:** Riesgo de impago, falta de liquidez, dificultad para evaluar la viabilidad de los proyectos.

Recuerda:

- **Investiga a fondo:** Antes de invertir en cualquier alternativa, dedica tiempo a investigar, comprender los riesgos y elegir opciones que se alineen con tus objetivos financieros y perfil de riesgo.

- **Diversifica tu portafolio:** No pongas todos tus huevos en una sola canasta. Distribuye tus inversiones en diferentes alternativas para reducir el riesgo y aumentar las posibilidades de éxito.

- **Asesórate con expertos:** Si no te sientes seguro de tomar decisiones por tu cuenta, busca el consejo de un asesor financiero calificado que te guíe en el camino correcto.

¡Explora y descubre el mundo de las inversiones alternativas!

Ahora tienes en tu poder diferentes alternativas de inversión. Recuerda que la clave del éxito está en la educación financiera, la toma de decisiones informadas y la búsqueda de oportunidades que se ajusten a tu perfil de inversor.

Capítulo 22: Diversificación

En el mundo de las inversiones, la incertidumbre es una constante. Los mercados fluctúan, los precios suben y bajan, y las condiciones económicas cambian con el tiempo. Ante este panorama, surge una estrategia fundamental para el éxito a largo plazo: **la diversificación de inversiones**.

En este capítulo, nos sumergiremos en el fascinante mundo de la diversificación, explorando sus principios, estrategias y la famosa Teoría de Portafolios de Harry Markowitz.

Dominar este arte te permitirá navegar con mayor seguridad por el mar de las inversiones, minimizar riesgos y maximizar tus oportunidades de alcanzar tus metas financieras.

Principios Básicos de la Diversificación

La diversificación consiste en distribuir tus inversiones en diferentes clases de activos, sectores geográficos y tipos de inversiones. El objetivo principal es reducir el riesgo general de tu portafolio, minimizando el impacto negativo que pueda tener el mal desempeño de una inversión específica.

Imagina que inviertes todo tu dinero en una sola acción. Si esa acción cae en picado, tu portafolio sufrirá un duro golpe. En cambio, si divides tu inversión entre diferentes acciones, sectores y mercados, el impacto negativo de una mala inversión será menor, y tu portafolio tendrá mayor capacidad de recuperación.

Diversificar es como no poner todos tus huevos en una sola canasta.

Estrategias para Reducir el Riesgo

Existen diversas estrategias de diversificación que puedes aplicar para adaptarlas a tu perfil de inversor y objetivos financieros. Algunas de las más comunes son:

- **Diversificación por clases de activos:** Invierte en diferentes clases de activos, como acciones, bonos, bienes raíces y materias primas. Cada clase de activo tiene su propio comportamiento en el mercado, lo que ayuda a equilibrar el riesgo general del portafolio.

- **Diversificación por sectores:** Dentro de la clase de activos de acciones, distribuye tus inversiones en diferentes sectores económicos, como tecnología, salud, consumo básico y financiero. De esta manera, reduces el impacto del mal desempeño de un sector específico.

- **Diversificación geográfica:** Invierte en empresas de diferentes países y regiones del mundo. Los mercados financieros de cada país tienen sus propias dinámicas, lo que ayuda a diversificar el riesgo geopolítico.

- **Diversificación por tipo de inversión:** Combina inversiones tradicionales, como acciones y bonos, con inversiones alternativas, como bienes raíces, metales preciosos y crowdfunding.

Recuerda: La diversificación no elimina por completo el riesgo, pero sí lo reduce significativamente, haciéndolo más manejable y permitiendo alcanzar tus objetivos financieros con mayor tranquilidad.

Un Ejemplo Práctico de Diversificación

Imagínate que cuentas con $100 USD ($400.000 COP aproximadamente) y quieres comenzar a ahorrar e invertir. Tu objetivo es construir un patrimonio sólido a largo plazo. Después de leer este capítulo, comprenderás la importancia de diversificar tus inversiones para reducir el riesgo. Recuerda que es solo un ejemplo, no una recomendación.

Veamos cómo podrías aplicar una estrategia de diversificación con un presupuesto modesto:

1. **Fondo de inversión de acciones**: Abre una cuenta de inversión y destina $25 USD mensuales a un fondo de inversión de acciones, que invierte en empresas de diversos sectores y regiones del mundo. Esto te brinda exposición diversificada al mercado accionario.

2. **Fondo de inversión de bonos**: Además, destina $10 USD mensuales a un fondo de inversión de bonos, que invierte en una cartera diversificada de bonos gubernamentales y corporativos. Esto aporta estabilidad y menor riesgo a tu portafolio.

3. **Plan de ahorro para la vivienda**: Con el sueño de comprar tu propia casa en el futuro, puedes ahorrar $50 USD al mes en un plan de ahorro específico para la vivienda. Así, diversificas tu portafolio con una inversión en bienes raíces.

4. **Criptomonedas**: Como eres joven y tienes cierta tolerancia al riesgo, puedes destinar $5 USD mensuales a la inversión en criptomonedas populares como Bitcoin y Ethereum. Esto te brinda exposición a un

activo alternativo de alto riesgo, pero con un monto limitado.

5. **Crowdfunding inmobiliario**: Finalmente, invierte $10 USD mensuales en una plataforma de crowdfunding inmobiliario, donde tu dinero se utiliza para financiar proyectos de bienes raíces rentables o proyectos empresariales prometedores. Esto te permite diversificar aún más tu exposición al sector inmobiliario y de startups.

Con esta estrategia diversificada, has logrado distribuir tus inversiones en diferentes clases de activos (acciones, bonos, bienes raíces, criptomonedas), sectores (tecnología, finanzas, inmobiliario) y tipos de inversión (fondos, planes de ahorro, crowdfunding). Así, minimizas el riesgo general de tu portafolio y maximizas tus oportunidades de crecimiento a largo plazo, sin necesidad de tener una gran cantidad de capital inicial.

¿Ves? Diversificar tus inversiones no tiene por qué ser complicado ni requerir una gran fortuna. Con un poco de planificación y disciplina, puedes comenzar a construir un portafolio sólido y equilibrado desde hoy mismo.

Ahora, usé 100 USD como ejemplo, porque lo puedes cambiar por porcentaje (%) y ver los montos como el porcentaje para crear un portafolio diversificado. Recuerda, los porcentajes son solo una guía y puedes ajustarlos según tus circunstancias y objetivos específicos.

Por otro lado, si ves que puedes aumentar los montos y cuentas con más disponibilidad de flujo de caja mensual lo puedes ajustar a tu medida. La clave es mantener una diversificación inteligente y coherente con tu perfil de riesgo.

Teoría de Portafolios de Markowitz

La Ciencia Detrás de la Diversificación. La Teoría de Portafolios, desarrollada por el economista Harry Markowitz, es la base conceptual de la diversificación moderna.

Esta teoría establece que la rentabilidad esperada de un portafolio no solo depende de la rentabilidad de cada inversión individual, sino también de la correlación entre ellas.

En términos simples, la teoría nos dice que **invertir en activos que se comportan de manera diferente entre sí puede reducir significativamente el riesgo general del portafolio, sin sacrificar rentabilidad.**

La Teoría de Portafolios utiliza herramientas matemáticas para calcular la **frontera eficiente**, que representa la combinación de inversiones que ofrece la mayor rentabilidad esperada para un nivel de riesgo dado. Al invertir en activos que se encuentran sobre la frontera eficiente, puedes maximizar tu rentabilidad esperada por cada unidad de riesgo asumido.

Diversificación: Un Camino Hacia el Éxito Financiero

La diversificación es un pilar fundamental para construir un portafolio de inversiones sólido y alcanzar tus metas financieras a largo plazo. Al aplicar estrategias de diversificación adecuadas, puedes:

- **Reducir el riesgo general de tu portafolio:** Minimizar el impacto negativo de las fluctuaciones del mercado y proteger tu patrimonio.

- **Mejorar la estabilidad de tu portafolio:** Obtener rendimientos más consistentes en el tiempo, incluso en períodos de turbulencia económica.

- **Aumentar tus posibilidades de alcanzar tus objetivos financieros:** Al reducir el riesgo, puedes invertir con mayor tranquilidad y perseguir objetivos más ambiciosos.

Recuerda: La diversificación es un proceso continuo que requiere monitoreo y reajustes periódicos. A medida que tus objetivos financieros y tu tolerancia al riesgo evolucionen, deberás adaptar tu estrategia de diversificación para mantener un portafolio alineado con tus necesidades.

Capítulo 23: Invierte como un profesional

En el fascinante mundo de las inversiones, no basta con simplemente colocar tu dinero en activos y esperar que crezca. Para alcanzar el verdadero éxito financiero, es fundamental **maximizar el valor de tus inversiones**, es decir, obtener rendimientos que superen la inflación y protejan tu poder adquisitivo a largo plazo.

En este capítulo, exploraremos estrategias clave para maximizar el valor de tus inversiones, tomando en cuenta el impacto de los impuestos y costos, y descubriendo cómo proteger tu patrimonio de la economía inflacionaria.

La Inflación

La inflación, ese enemigo silencioso del poder adquisitivo, reduce el valor del dinero con el tiempo. Por lo tanto, para que tus inversiones realmente crezcan, es necesario que sus rendimientos superen la tasa de inflación.

¿Cómo lograrlo?

- **Invierte en activos que históricamente han ofrecido retornos superiores a la inflación:** Las acciones, a largo plazo, han demostrado ser una de las mejores opciones para superar la inflación.

- **Considera inversiones alternativas:** Bienes raíces, metales preciosos y algunas estrategias de inversión activa también pueden ofrecer protección contra la inflación.

- **Revisa tu portafolio periódicamente:** Asegúrate de que tu portafolio esté alineado con tu tolerancia al riesgo y tus objetivos financieros, y realiza ajustes cuando sea necesario.

Recuerda: No existe una fórmula mágica para superar la inflación de manera consistente. Sin embargo, al diversificar tus inversiones, elegir activos con potencial de crecimiento y mantener una perspectiva a largo plazo, puedes aumentar tus posibilidades de alcanzar tus metas financieras.

Impuestos y Costos

Los impuestos y costos asociados a las inversiones pueden afectar significativamente su rendimiento neto. Es importante tener en cuenta estos factores al tomar decisiones de inversión.

¿Qué debes considerar?

- **Impuestos sobre la renta:** Los rendimientos de las inversiones pueden estar sujetos a impuestos sobre la renta. Investiga las implicaciones fiscales de cada tipo de inversión antes de tomar decisiones en tu región o país.

- **Costos de transacción:** Comisiones, tarifas y otros costos asociados a la compra y venta de activos pueden reducir tus ganancias. Busca opciones de inversión con costos bajos. Consejo: Recuerda revisar siempre cuál es el costo asociado a invertir en un activo, ya que una gestión consciente de estos gastos puede potenciar tus rendimientos a largo plazo.

- **Costos de administración:** Algunos fondos de inversión y productos financieros cobran tarifas de administración que pueden afectar el rendimiento neto de tu inversión. Aunque estas tarifas no siempre son elevadas, es crucial estar al tanto de ellas para seleccionar los activos más adecuados para invertir. Compara diferentes opciones y elige aquellas con costos competitivos.

Recuerda: Optimizar tu estrategia fiscal y minimizar los costos asociados a tus inversiones puede tener un impacto significativo en tus resultados a largo plazo.

Ejemplo de inversión

Supongamos que tienes $1.000 USD (aproximadamente $4.000.000 COP) para invertir y quieres hacer crecer su valor a largo plazo.

Vamos a comparar dos escenarios:

Escenario 1: Inversión con bajo rendimiento

Decides invertir en un depósito a plazo fijo que te da un 2% de interés al año. La inflación es del 3%, así que realmente estás perdiendo 1% al año. Además, pagas un 25% de impuestos sobre los intereses ganados y el banco te cobra un 1% de comisión anual.

Después de 10 años, tu inversión inicial de $1.000 USD crecería a $1.106 USD antes de impuestos y comisiones. Después de restar $27.50 USD de impuestos y $100 USD de comisiones, te quedarías con $1.068,50 USD, lo que significa que tu inversión perdió valor con el tiempo.

- **Rendimiento anual compuesto (CAGR):** Aproximadamente 0.67% antes de costos e inflación.

- **Monto después de 10 años:** $1.106 USD antes de impuestos y comisiones.
- **Monto final:** $1.068,50 USD después de restar $27.50 USD de impuestos y $100 USD de comisiones.

Escenario 2: Inversión con alto rendimiento

En este caso, decides invertir en un fondo de acciones que sigue el mercado de valores y tiene un rendimiento promedio del 9% al año. Este fondo solo te cobra un 0.25% de comisión anual y pagas un 15% de impuestos sobre las ganancias.

Después de 10 años, tus $1.000 USD habrían crecido a $2.367,30 USD antes de impuestos y comisiones. Después de pagar $205.10 USD de impuestos y $25 USD de comisiones, te quedarías con $2.137,20 USD, lo que significa que tu inversión realmente creció de manera significativa.

- **Rendimiento anual compuesto (CAGR):** Aproximadamente 7.6% después de costos e inflación.
- **Monto después de 10 años:** $2.367,30 USD antes de impuestos y comisiones.
- **Monto final:** $2.137,20 USD después de restar $205.10 USD de impuestos y $25 USD de comisiones.

Este ejemplo demuestra la importancia de elegir bien dónde y cómo invertir. En el primer escenario, aunque parece seguro, los bajos rendimientos y los costos asociados hicieron que tu inversión perdiera valor con el tiempo.

En contraste, el segundo escenario muestra cómo una inversión bien elegida no solo puede superar la inflación, sino también generar un crecimiento real y significativo a lo largo de los años.

¿Entiendes lo que te estoy mostrando?

Invertir de manera inteligente, considerando tanto los rendimientos como los costos y la inflación, es clave para lograr que tu dinero trabaje para ti y construir un futuro financiero más sólido.

Tabla comparativa después de 10 años

Aspecto	Depósito a Plazo Fijo	Fondo de Acciones
Inversión	Depósito a Plazo Fijo	Fondo de Acciones
Monto Inicial	$1,000	$1,000
Intereses ganados	$20	$900
Inflación	$30	$30
Costos	$110	$27.50
Impuestos	$27.50	$205.10
Monto Final	$1,068.50	$2,137.20
Rendimiento Real Anual	-1.5%	7.6%

Como puedes ver en la tabla detallada, la inversión en el fondo de acciones, al superar la inflación y minimizar los costos e impuestos, generó un rendimiento real positivo significativamente mayor que el depósito a plazo fijo, maximizando el valor de la inversión a largo plazo.

Esta comparación demuestra la importancia de elegir inversiones que superen la inflación, minimicen los costos y aprovechen los beneficios fiscales para maximizar el valor de tus ahorros a lo largo del tiempo.

Proteger el Poder Adquisitivo

Existen diversas estrategias que puedes implementar para proteger tu poder adquisitivo de la erosión inflacionaria. Algunas de las más efectivas incluyen:

- **Invertir en activos tangibles:** Bienes raíces, metales preciosos y obras de arte pueden mantener su valor o incluso apreciarse con el tiempo, protegiendo tu patrimonio contra la inflación.

- **Incorporar inversiones indexadas a la inflación:** Algunos bonos y otros instrumentos financieros están indexados a la inflación, lo que significa que sus rendimientos se ajustan automáticamente al aumento del costo de vida.

- **Mantener una reserva de efectivo:** Tener una cantidad de dinero disponible en efectivo puede ayudarte a cubrir gastos inesperados o aprovechar oportunidades de inversión que surjan en períodos de alta inflación.

Recuerda: Proteger tu poder adquisitivo es fundamental para alcanzar tus metas financieras a largo plazo. Al combinar diferentes estrategias, puedes crear un portafolio resiliente que te proteja de los efectos negativos de la inflación.

Enfoque Integral ¿Cómo lograrlo?

- **Edúcate financieramente:** Conocer los conceptos básicos de las inversiones, el mercado financiero y las estrategias de diversificación te permitirá tomar decisiones más informadas y maximizar tus posibilidades de éxito.

- **Busca asesoría profesional:** Si no te sientes seguro de tomar decisiones por tu cuenta, consulta con un asesor financiero calificado que te guíe en la creación de un portafolio personalizado y alineado con tus necesidades.

- **Monitorea tu portafolio periódicamente:** Revisa el desempeño de tus inversiones con regularidad, realiza ajustes cuando sea necesario y asegúrate de que tu portafolio siga alineado con tus objetivos financieros y tu tolerancia al riesgo.

Recuerda: Maximizar el valor de tus inversiones es un proceso continuo que requiere disciplina, educación financiera y una toma de decisiones informada. Al combinar las estrategias mencionadas en este capítulo, puedes alcanzar tus metas financieras a largo plazo y proteger tu patrimonio de la inflación y otros riesgos del mercado.

Capítulo 24: Construye tu Futuro

En este viaje fascinante por el mundo de las inversiones, hemos explorado conceptos fundamentales, estrategias efectivas y herramientas valiosas que te permitirán tomar el control de tu futuro financiero.

Siempre debes tener en cuenta

- **Invertir es un proceso continuo de aprendizaje y crecimiento.** No existe una fórmula mágica para el éxito, pero sí hay principios básicos que puedes aplicar para aumentar tus posibilidades de alcanzar tus metas financieras.

- **La diversificación es la clave para reducir el riesgo y maximizar el valor de tus inversiones.** Distribuye tu dinero en diferentes clases de activos, sectores geográficos y tipos de inversiones para minimizar el impacto de las fluctuaciones del mercado.

- **Enfócate en el largo plazo.** Las inversiones a largo plazo generalmente ofrecen mayor potencial de crecimiento y son menos sensibles a las fluctuaciones del mercado a corto plazo.

- **Edúcate financieramente.** Conocer los conceptos básicos de las inversiones, el mercado financiero y las estrategias de diversificación te permitirá tomar decisiones más informadas y maximizar tus posibilidades de éxito.

- **Busca asesoría profesional.** Si no te sientes seguro de tomar decisiones por tu cuenta, consulta con un asesor financiero calificado que te guíe en la creación de un portafolio personalizado y alineado con tus necesidades.

- **Monitorea tu portafolio periódicamente.** Revisa el desempeño de tus inversiones con regularidad, realiza ajustes cuando sea necesario y asegúrate de que tu portafolio siga alineado con tus objetivos financieros y tu tolerancia al riesgo.

SECCIÓN 4: GESTIÓN INTELIGENTE DE DEUDAS

Capítulo 25: La Lógica Detrás del Crédito

En este nuevo capítulo, exploraremos el mundo del crédito, una herramienta financiera que, utilizada con inteligencia, puede convertirse en un poderoso aliado para alcanzar tus metas financieras. Comprender los conceptos básicos del crédito, sus beneficios y responsabilidades te permitirá tomar decisiones informadas y construir una historia crediticia sólida.

Introducción al crédito

El crédito es una forma de financiamiento que te permite adquirir bienes o servicios y pagarlos en el futuro, generalmente con intereses. Se basa en la confianza que una institución financiera tiene en tu capacidad de pago, y te brinda la posibilidad de acceder a recursos que quizás no podrías pagar de contado.

¿Por qué es importante el crédito?

- **Te permite realizar compras importantes:** El crédito te facilita la adquisición de bienes duraderos, como una vivienda, un automóvil o electrodomésticos, sin tener que pagar la totalidad del costo de inmediato.

- **Te ayuda a construir un historial crediticio:** Tu historial crediticio refleja tu comportamiento como deudor, y es fundamental para acceder a préstamos y otros productos financieros en el futuro.

- **Te brinda flexibilidad financiera:** El crédito te ofrece la posibilidad de financiar gastos inesperados o emergencias, evitando recurrir a tus ahorros o endeudarte con amigos o familiares.

Diferencia entre "necesitar" y "desear"

Antes de utilizar el crédito, es crucial diferenciar entre "necesitar" y "desear" algo. Una necesidad es algo esencial para tu bienestar o supervivencia, como alimento, vivienda o atención médica. Un deseo, en cambio, es algo que te gustaría tener, pero que no es fundamental para tu vida.

¿Por qué es importante esta distinción?

- **Utilizar el crédito para cubrir necesidades:** El crédito puede ser una herramienta útil para financiar necesidades básicas, siempre y cuando se utilice de manera responsable y se tenga la capacidad de pago.

- **Evitar el endeudamiento innecesario:** Gastar el crédito en deseos que no son esenciales puede llevarte a un sobreendeudamiento y a dificultades financieras.

El impacto de las decisiones en tu vida

Cada decisión financiera que tomas tiene un impacto en tu presente y futuro. Utilizar el crédito de manera responsable puede ayudarte a alcanzar tus metas financieras, mientras que un mal manejo del crédito puede generar problemas económicos, afectar tu historial crediticio y limitar tus posibilidades de acceder a otros productos financieros en el futuro.

Recuerda:

- El crédito es una herramienta poderosa, pero debe utilizarse con responsabilidad.

- Evalúa cuidadosamente tus necesidades y capacidad de pago antes de solicitar un crédito.

- Compara diferentes opciones de crédito y elige la que mejor se adapte a tus necesidades.

- Realiza tus pagos a tiempo para mantener un buen historial crediticio.

- Evita el endeudamiento innecesario y gasta solo lo que puedas pagar.

Capítulo 26: Guía para dominar el crédito

¿Te has sentido alguna vez confundido o abrumado por el mundo del crédito? Tranquilo, no estás solo. En este capítulo, te acompañaré en un viaje para descifrar el código del crédito, convirtiéndonos en aliados para dominar este fascinante mundo financiero.

¿Qué es el crédito?

Es fundamental conocer sus palabras clave, sus reglas y sus diferentes formas de expresión. ¡Comencemos por definir los términos esenciales!

Un Préstamo de Confianza

Un préstamo es como un apretón de manos financiero. Una persona (acreedor) te confía una cantidad de dinero (capital) con la promesa de que se lo devolverás en un tiempo determinado, generalmente con un pequeño pago extra por el uso del dinero, llamado **intereses**.

Dos Roles, Un Mismo Objetivo

El acreedor es quien te da el dinero, como si fuera un amigo que te presta su bicicleta para que vayas al parque.

El deudor eres tú, quien toma la bicicleta prestada y se compromete a devolverla en buen estado y a tiempo.

Intereses: El Precio del Tiempo

Los intereses son como el alquiler de la bicicleta. Es el pago que haces al acreedor por el tiempo que utilizaste su dinero. Cuanto más tiempo lo uses, mayor será el alquiler.

Plazo

El plazo es como el tiempo que tienes para devolver la bicicleta. Puede ser un día, una semana, un mes o incluso varios años, dependiendo del tipo de préstamo que solicites.

Características Esenciales

- **Tasa de interés:** Es el porcentaje anual que se cobra sobre el capital prestado, como si fuera la tarifa por usar la bicicleta.

- **Capital:** Es la cantidad total de dinero que el acreedor te presta, como si fuera el valor de la bicicleta.

- **Cuota:** Es el pago mensual o periódico que haces al acreedor para devolver el capital y pagar los intereses, como si fueran las cuotas del alquiler.

- **Mora:** Es el recargo adicional que se cobra si te atrasas en el pago de tus cuotas, como si te cobraran una multa por devolver la bicicleta tarde.

Tipos de Crédito

- **Crédito hipotecario:** Te ayuda a cumplir el sueño de tener tu propia casa, como si te prestaran la bicicleta para ir a ver la casa de tus sueños.

- **Crédito personal:** Te permite realizar compras grandes o cubrir gastos inesperados, como si te prestaran la bicicleta para ir a la tienda de electrónica.

- **Crédito de consumo:** Te ayuda a adquirir bienes o servicios específicos, como si te prestaran la bicicleta para ir a comprar un nuevo televisor.

- **Crédito automotriz:** Te facilita la compra de un vehículo, como si te prestaran la bicicleta para ir al concesionario.

- **Crédito de nómina:** Te ofrece un préstamo preaprobado si eres empleado de una empresa, como si te prestaran la bicicleta porque te conocen y confían en ti.

- **Tarjeta de crédito:** Te da la flexibilidad de comprar y pagar más tarde, como si te prestaran la bicicleta para ir de compras, pero debes devolverla con intereses si no pagas a tiempo.

Recuerda:

- Cada tipo de crédito tiene sus propias características, condiciones y requisitos.

- Compara diferentes opciones antes de tomar una decisión.

- Lee cuidadosamente los **términos y condiciones** del crédito antes de firmar cualquier contrato.

- Cumple con tus obligaciones de pago para mantener un buen historial crediticio.

Capítulo 27: Los Bancos

En este capítulo, nos adentraremos en la mente de las instituciones financieras, específicamente en la perspectiva de los bancos, para comprender cómo funciona el negocio del crédito y cómo se toman decisiones sobre la aprobación de préstamos y la determinación de las tasas de interés.

Tasas de Captación y Colocación

Las tasas de captación y colocación son los pilares fundamentales del negocio del crédito para los bancos.

- **Tasas de Captación:** Son las tasas de interés que los bancos ofrecen a sus clientes por depositar su dinero en cuentas de ahorro, cuentas corrientes o instrumentos financieros similares. Estos fondos captados sirven como base para otorgar préstamos a los deudores.

- **Tasas de Colocación:** Son las tasas de interés que los bancos cobran a sus clientes por otorgarles préstamos. Estas tasas deben ser lo suficientemente altas para cubrir los costos operativos del banco, obtener ganancias y compensar el riesgo de que el deudor no cumpla con sus obligaciones.

¿Cómo se determinan estas tasas?

Las tasas de captación y colocación se ven influenciadas por diversos factores, como:

- **La política monetaria del Banco Central:** Las decisiones del Banco Central sobre la tasa de interés de referencia afectan el costo del dinero para los bancos, lo que a su vez impacta en las tasas de captación y colocación.

- **Las condiciones del mercado:** La oferta y la demanda de fondos en el mercado financiero también influyen en las tasas de interés. En períodos de alta demanda de crédito, las tasas de colocación tienden a subir, mientras que, en períodos de baja demanda, pueden disminuir.

- **El perfil del deudor:** El riesgo crediticio del deudor, su historial financiero y su capacidad de pago son factores clave que determinan la tasa de interés que se le cobrará por el préstamo.

El pilar fundamental

La confianza es un pilar fundamental en las operaciones de crédito. Los bancos confían en que los deudores cumplirán con sus obligaciones de pago, y los deudores confían en que los bancos les otorgarán préstamos justos y les brindarán un buen servicio.

¿Cómo se construye la confianza?

- **Historial crediticio:** Un buen historial crediticio, que demuestre una capacidad de pago consistente, es esencial para generar confianza en los bancos.

- **Información financiera sólida:** Los bancos analizan la información financiera del deudor, como ingresos, gastos, deudas y activos, para evaluar su capacidad de pago.

- **Garantías:** En algunos casos, los bancos pueden solicitar garantías, como bienes inmuebles o avales, para reducir el riesgo del crédito.

El Negocio del Crédito

Desde la perspectiva de las entidades financieras, el negocio del crédito es una actividad fundamental que genera ingresos y les permite cumplir con su misión de intermediación financiera.

¿Cómo genera ganancias el negocio del crédito?

- **Diferencial de tasas:** La diferencia entre las tasas de captación y colocación genera un margen (spread) de ganancia para los bancos. Debes aprender a jugar para aprovechar las oportunidades.

- **Comisiones:** Los bancos pueden cobrar comisiones por la apertura, administración y gestión de los préstamos.

- **Productos y servicios adicionales:** Los bancos pueden ofrecer productos y servicios adicionales, como seguros o cuentas de ahorro, a los clientes que solicitan préstamos.

Recuerda:

- Los bancos son empresas con fines de lucro que buscan generar ganancias.

- Las decisiones sobre la aprobación de préstamos y la determinación de las tasas de interés se toman en función del riesgo crediticio del deudor y las condiciones del mercado.

- Es importante mantener un buen historial crediticio y construir una relación prologada de confianza con tu banco para acceder a mejores condiciones de crédito.

Capítulo 28: Capacidad de Pago

En este capítulo, te invito a embarcarte en un viaje hacia tu bienestar financiero: **la evaluación de tu capacidad de pago.** Antes de sumergirte en el mar del crédito, es esencial analizar tu situación financiera actual y determinar si estás realmente preparado para adquirir un préstamo.

Muchas personas caen en la trampa de solicitar créditos o tarjetas de crédito sin considerar si podrán pagarlo o si realmente les beneficia, simplemente por el deseo de acceder a más capital. Es crucial reflexionar sobre estos aspectos antes de tomar decisiones financieras importantes.

La Importancia del Análisis Previo

Imaginemos que estás planeando un viaje en barco. Antes de zarpar, es fundamental revisar el estado del barco, el clima y las condiciones del mar. De forma similar, antes de solicitar un crédito, es vital realizar un análisis previo de tu capacidad de pago para evitar tormentas financieras.

¿Por qué es tan importante este análisis?

- **Te permite tomar decisiones informadas:** Al conocer tu capacidad de pago, puedes determinar si puedes asumir las responsabilidades de un crédito sin afectar tu estabilidad financiera.

- **Evita el sobreendeudamiento:** Si solicitas un crédito que supera tu capacidad de pago, podrías caer en una espiral de deudas, afectando tu tranquilidad y tu futuro financiero.

- **Protege tu historial crediticio:** Un buen historial crediticio te abre las puertas a mejores oportunidades financieras en el futuro. Si no cumples con tus obligaciones de pago, tu historial se verá afectado negativamente.

Calcular tu Capacidad de Pago

Para evaluar tu capacidad de pago, existen fórmulas que te brindarán una guía clara:

Ingreso Disponible - Gastos = Excedente

Ingreso Disponible: Es la cantidad de dinero que te queda después de descontar los impuestos y otras obligaciones fijas, como el alquiler o el pago de un vehículo.

Gastos: Son todos los pagos recurrentes que debes realizar, como alimentación, servicios públicos, transporte y deudas.

Excedente: Es la cantidad de dinero que te queda después de cubrir tus gastos esenciales. Este excedente será la base para determinar el monto máximo que puedes destinar al pago de un crédito.

El Concepto del "Excedente"

El excedente juega un papel fundamental en la toma de decisiones financieras responsables. Es el indicador que te permite determinar si puedes asumir las cuotas de un crédito sin afectar tu estilo de vida o comprometer tu estabilidad financiera.

¿Cómo utilizar el excedente para tomar decisiones informadas?

- **Analiza tu excedente actual:** Calcula tu excedente actual restando tus gastos fijos de tu ingreso disponible.

- **Simula el pago de un crédito:** Utiliza simuladores de crédito para calcular las cuotas mensuales de diferentes tipos de préstamos y compara las cuotas con tu excedente actual.

- **Toma decisiones responsables:** Si tu excedente actual es insuficiente para cubrir las cuotas de un crédito sin afectar tu estilo de vida, es mejor esperar hasta tener una mayor capacidad de pago.

- **Usar el excedente para ahorrar o invertir:** El excedente puede ser usado para ahorrar o para invertir, si tienes un buen enfoque puedes lograr usar este monto de tu dinero para apalancarte a ti mismo.

Recuerda:

- La evaluación de tu capacidad de pago es un proceso fundamental antes de solicitar un crédito.

- Utiliza las fórmulas y herramientas disponibles para analizar tu situación financiera.

- El excedente es tu aliado para tomar decisiones informadas y evitar el sobreendeudamiento.

- Prioriza tu bienestar financiero y toma decisiones responsables que te permitan alcanzar tus metas.

Capítulo 29: Dominando el Crédito

En este capítulo, exploraremos el mundo del crédito a través de un caso hipotético: un préstamo de $5.000 USD a ser pagado en un plazo de 48 meses. Analizaremos en detalle la cuota mensual, los intereses y la amortización del capital, mientras visualizamos el impacto a largo plazo de este crédito.

Caso Hipotético

Un Préstamo de $5.000 USD a 48 Meses

Imaginemos que necesitas un préstamo de $5.000 USD para realizar un proyecto personal. El banco te ofrece un préstamo a una tasa de interés anual del 12%, con un plazo de 48 meses (4 años).

Monto Total del Crédito	$5.000 USD
Tasa de interés	12% anual
Plazo	48 meses

¿Cómo calcular la cuota mensual?

Existen diversas fórmulas y herramientas en línea para calcular la cuota mensual de un préstamo. En este caso, la cuota mensual estimada sería de alrededor de $131,7 USD.

Cuota Mensual	$131,7 USD

¿Cómo se calculan los intereses?

Los intereses se calculan sobre el saldo del capital pendiente cada mes. En este caso, durante los primeros meses, la mayor parte del pago se destina a cubrir intereses, y a medida que avanza el plazo, la proporción destinada a amortización a capital aumenta.

Interés Primer Mes	$50 USD

¿Cómo se calcula la amortización a capital?

La amortización a capital es la parte del pago que se destina a reducir el saldo del capital del préstamo. En este caso, la amortización a capital durante el primer mes sería de aproximadamente $81,7 USD mientras que en el último mes sería de $130,4.

Amortización a capital primer mes

#Mes	Cuota Mensual	Amortización a capital	Interés Primer Mes
Primer mes	$131,7 USD	$81,7 USD	$50 USD

El Impacto del Crédito en el Largo Plazo

Para visualizar el impacto del crédito en el largo plazo, podemos utilizar una tabla de amortización. Esta tabla muestra el saldo del capital, los intereses pagados, la amortización a capital y la cuota mensual para cada período de pago.

Al analizar la tabla de amortización, podemos observar que durante los primeros meses, la mayor parte del pago se destina a cubrir intereses. Sin embargo, a medida que avanza el plazo, la proporción destinada a amortización a capital aumenta, lo que significa que estás pagando más del capital del préstamo y menos intereses.

En la siguiente tabla se muestran los detalles del crédito para los primeros 4 pagos y los últimos 3 pagos:

Tabla Mensual de Pagos

Mes	Cuota Mensual (USD)	Amortización del Capital (USD)	Intereses (USD)	Saldo Restante (USD)
1	$131,7	$81,7	$50,0	$4.918,3
2	$131,7	$82,5	$49,2	$4.835,8
3	$131,7	$83,3	$48,4	$4.752,5
4	$131,7	$84,1	$47,5	$4.668,4
...	...	...	...	...
46	$131,7	$127,8	$3,9	$259,4
47	$131,7	$129,1	$2,6	$130,4
48	$131,7	$130,4	$1,3	$0,0

En esta tabla se detallan las cuotas mensuales, los intereses, la amortización del capital y el saldo restante para cada mes del préstamo de $5.000 USD, hasta que el saldo llega a cero al final del período de 48 meses.

Análisis del crédito

- **Cuota mensual:** La cuota mensual establecida para el préstamo es de $131,7 USD.

- **Total de Intereses Pagados:** Durante el plazo del préstamo, se pagarán un total de $1.320,1 USD en intereses, lo que representa el costo adicional del préstamo.

- **Total de Amortización a Capital:** La cantidad total de $5.000 USD se destinará a amortizar el capital del préstamo, lo que significa que al final del plazo, se habrá pagado la totalidad del monto prestado.

- **Costo Total del Préstamo:** Considerando tanto el capital prestado como los intereses pagados, el costo total del préstamo asciende a $6.320,1 USD. Este número representa el monto total que el deudor habrá pagado al finalizar el período de pago.

Decisiones Financieras

Este caso hipotético nos permite comprender la importancia de calcular la cuota mensual, los intereses y la amortización a capital antes de solicitar un crédito. Estos son los datos que debes llevar al presupuesto mensual para conocer como afecta tu situación financiera y estimar el impacto en el futuro.

También nos recuerda la importancia de visualizar el impacto del crédito en el largo plazo para tomar decisiones financieras conscientes.

Recuerda:

- Evalúa tu capacidad de pago antes de solicitar un crédito.

- Compara diferentes opciones de crédito antes de tomar una decisión.

- Lee los términos y condiciones del crédito antes de firmar cualquier contrato.

- Cumple con tus obligaciones de pago para mantener un buen historial crediticio.

- Toma decisiones financieras responsables que te permitan alcanzar tus metas.

Capítulo 30: La Cuota Mensual

Desvelando los Secretos del Crédito

En el mundo del crédito, la cuota mensual suele ser la protagonista, atrayendo nuestra atención con su aparente simplicidad. Sin embargo, detrás de esa cifra se esconde una realidad más compleja, un escenario donde diversos cargos adicionales y la verdadera naturaleza de los intereses pueden aumentar significativamente el costo total del préstamo.

Cargos Adicionales

La cuota mensual no es el único gasto que debes considerar al solicitar un crédito. Existen cargos adicionales que, como sombras sigilosas, se suman al costo final, incrementándolo de manera considerable.

- **Estudios:** Estos cargos se asocian a la evaluación de tu situación financiera y la viabilidad del préstamo. Son como una lupa que analiza tu pasado y presente económico para determinar si eres un candidato apto.

- **Avalúos:** Si ofreces un bien como garantía del préstamo, es probable que debas pagar por su tasación. Un tasador, como un detective financiero, determina el valor de tu bien para asegurar que cubra el monto del préstamo.

- **Seguros:** Algunos créditos incluyen seguros obligatorios o no obligatorios que protegen contra riesgos como incendio, robo o daños al bien. Estos seguros actúan como un escudo ante posibles eventos desafortunados.

- **Cuota de manejo:** Esta cuota se cobra por la administración del préstamo, es como un pequeño tributo que pagas por el mantenimiento de tu deuda.

Intereses de Mora

Si te atrasas en el pago de tus cuotas, te enfrentarás a las temidas tasas de interés de mora. Estas son como una multa que te imponen por no cumplir con tus obligaciones a tiempo.

Consecuencias de los retrasos en el pago:

- Manchan tu historial crediticio, afectando tu reputación financiera.

- Te generan multas e intereses adicionales, aumentando el costo total del préstamo.

- Pueden llevarte a un espiral de sobreendeudamiento, una situación difícil de escapar.

Evita los retrasos en el pago de tus cuotas a toda costa.

Organiza tus finanzas, establece un plan de pagos y utiliza herramientas digitales que te ayuden a recordar las fechas límite.

La Trampa del "Precio del Crédito"

Las tasas de interés son como el precio que pagas por el privilegio de utilizar el dinero prestado. Se expresan como un porcentaje anual del capital del préstamo y pueden ser fijas o variables.

- **Tasa de interés fija:** Esta tasa permanece constante durante el plazo del préstamo, brindándote estabilidad y previsibilidad en tus pagos.

- **Tasa de interés variable:** Esta tasa puede cambiar según condiciones del mercado, lo que significa que tus pagos mensuales podrían fluctuar.

Impacto de las tasas de interés:

- A mayor tasa de interés, mayor será el costo total del préstamo.
- Compara diferentes tasas de interés antes de tomar una decisión.
- Elige la tasa de interés que mejor se adapte a tus necesidades y presupuesto.

Recuerda:

- No te dejes engañar por la aparente simplicidad de la cuota mensual.
- Investiga a fondo todos los cargos adicionales antes de solicitar un crédito.
- Compara diferentes ofertas de entidades financieras para encontrar la opción más conveniente.
- Negocia los cargos adicionales siempre que sea posible.
- Las tasas de interés no son todas iguales.
- Investiga y compara diferentes ofertas antes de elegir un crédito.
- Elige la tasa de interés que te permita alcanzar tus metas financieras sin afectar tu estabilidad económica.

Capítulo 31: La Tasa de Interés

El crédito es una herramienta financiera que ha facilitado innumerables transacciones y proyectos en todo el mundo. Desde préstamos personales hasta financiamiento empresarial, el acceso al crédito ha impulsado el crecimiento económico y ha permitido a individuos y organizaciones alcanzar sus objetivos. Sin embargo, el costo de obtener crédito viene determinado por un factor clave: **la tasa de interés**.

La tasa de interés es el precio que se paga por el uso del dinero prestado. Es un porcentaje que se aplica sobre el capital adeudado y representa la compensación que recibe el prestamista por el riesgo asumido al prestar sus fondos. En este capítulo, exploraremos la importancia de la tasa de interés, su impacto en el mundo del crédito y las consideraciones para tener en cuenta al tomar decisiones de financiamiento.

Entendiendo la Tasa de Interés

La tasa de interés es una variable fundamental en el mundo del crédito. Existen diferentes tipos de tasas de interés, cada una con sus propias características y factores determinantes. Las más comunes son:

1. **Tasa de interés nominal:** Es la tasa de interés anunciada y acordada entre el prestamista y el prestatario.

2. **Tasa de interés efectiva:** Es la tasa real que se paga después de considerar los efectos de la capitalización de intereses y otros cargos asociados.

3. **Tasa de interés fija:** Es una tasa que se mantiene constante durante la vigencia del préstamo.

4. **Tasa de interés variable:** Es una tasa que fluctúa a lo largo del tiempo, generalmente en función de una tasa de referencia del mercado.

Factores que Influyen en la Tasas

Varios factores inciden en la determinación de la tasa de interés que se aplicará a un préstamo específico:

1. **Riesgo crediticio:** Cuanto mayor sea el riesgo de incumplimiento del prestatario, más alta será la tasa de interés para compensar al prestamista por el riesgo asumido.

2. **Plazo del préstamo:** Préstamos a más largo plazo suelen tener tasas de interés más altas debido al mayor riesgo de impago a lo largo del tiempo.

3. **Políticas monetarias:** Las tasas de interés de referencia establecidas por los bancos centrales influyen directamente en las tasas de interés del mercado.

4. **Inflación:** Las tasas de interés tienden a ser más altas en entornos de alta inflación para proteger el poder adquisitivo del prestamista.

5. **Competencia en el mercado:** La competencia entre prestamistas puede llevar a tasas de interés más bajas para atraer a más prestatarios.

Impacto de la Tasa de Interés en el Crédito

La tasa de interés tiene un impacto significativo en el costo total del crédito y, por lo tanto, en la viabilidad y asequibilidad de los préstamos. Una tasa de interés más alta aumenta el costo de financiamiento, lo que puede hacer que un proyecto o inversión sea menos rentable o inaccesible para algunos prestatarios.

Por otro lado, tasas de interés más bajas hacen que el crédito sea más asequible y accesible, fomentando así el consumo y la inversión.

Sin embargo, tasas demasiado bajas también pueden llevar a un endeudamiento excesivo y a la formación de burbujas financieras.

Al evaluar opciones de crédito, es fundamental comparar las tasas de interés ofrecidas por diferentes prestamistas y comprender completamente los términos y condiciones asociados.

Además, es esencial considerar la capacidad de pago y asegurarse de que el costo del crédito sea manejable a largo plazo.

En resumen, la tasa de interés desempeña un papel fundamental en el mundo del crédito, determinando el costo de obtener financiamiento y afectando las decisiones de inversión y consumo.

Comprender los factores que influyen en la tasa de interés y evaluar cuidadosamente las opciones de crédito es crucial para tomar decisiones informadas y maximizar el valor de las oportunidades de financiamiento.

Recuerda:

- La tasa de interés determina el costo real de tus préstamos personales (hipotecas, préstamos de auto, tarjetas de crédito, etc.).

- Tasas de interés más altas significan pagos mensuales más altos y un mayor costo total a lo largo del tiempo.

- Tu historial crediticio y puntaje de crédito influyen directamente en la tasa de interés que te ofrecerán los prestamistas. Un buen crédito te permitirá acceder a mejores tasas.

- Compara minuciosamente las tasas de interés y términos de diferentes instituciones financieras antes de solicitar un préstamo personal.

- Evita endeudarte más de lo que puedes pagar cómodamente cada mes según tus ingresos.

Capítulo 32: Score Crediticio y Data Crédito

En el universo financiero, tu nombre no es el único factor que define tu reputación. Tu score crediticio y tu data crédito son como dos cartas de presentación que hablan de tu comportamiento financiero ante entidades financieras y potenciales acreedores.

En este capítulo, exploraremos el mundo de las centrales de riesgo, la importancia de un buen historial crediticio y cómo puedes consultar y mejorar tu data crédito.

Centrales de Riesgo

Las centrales de riesgo son entidades especializadas en recopilar y procesar información sobre el comportamiento crediticio de las personas. Funcionan como guardianes de tu historia financiera, almacenando datos sobre tus préstamos, pagos, moras y otros aspectos relevantes.

¿Cómo funcionan las centrales de riesgo?

Las entidades financieras reportan periódicamente a las centrales de riesgo información sobre tus deudas, pagos y cumplimiento de obligaciones. Con base en esta información, las centrales de riesgo calculan tu score crediticio, un número que resume tu historial crediticio y sirve como indicador de tu riesgo de crédito.

Score Crediticio

El score crediticio es como una radiografía de tu historial crediticio, un número que representa tu puntaje en una escala que va desde 0 hasta 1000. Un score alto indica un buen historial crediticio, mientras que un score bajo indica un historial crediticio deficiente.

¿Cómo se calcula el score crediticio?

El cálculo del score crediticio considera diversos factores, como:

- **Historial de pagos:** La puntualidad con la que cumples con tus obligaciones crediticias es un factor fundamental.

- **Nivel de endeudamiento:** La cantidad de deudas que tienes y tu capacidad para pagarlas también se toman en cuenta.

- **Tiempo de experiencia crediticia:** El tiempo que llevas utilizando productos crediticios también influye en tu score.

- **Consultas de tu historial crediticio:** La frecuencia con la que se consulta tu historial crediticio puede afectar tu score.

La Importancia de un Buen Historial Crediticio

Un buen historial crediticio te abre las puertas a mejores oportunidades financieras, como:

- **Acceso a créditos con mejores tasas de interés:** Si tienes un buen historial crediticio, es probable que puedas acceder a créditos con tasas de interés más bajas, lo que te permitirá ahorrar dinero en el largo plazo.

- **Mayor facilidad para obtener tarjetas de crédito:** Si tienes un buen historial crediticio, es más probable que te aprueben una tarjeta de crédito con mejores beneficios y recompensas.

- **Posibilidad de arrendar bienes:** Si tienes un buen historial crediticio, es más probable que te aprueben el arrendamiento de un inmueble, como un apartamento o un vehículo.

Consultando tu Score Crediticio y Mejorando tu Data Crédito

Es importante conocer tu score crediticio y tomar medidas para mejorarlo, si es necesario. Puedes consultar tu score crediticio de forma gratuita o pagando una pequeña tarifa en las centrales de riesgo.

¿Cómo mejorar tu score crediticio?

- **Paga tus deudas a tiempo:** La puntualidad en tus pagos es fundamental para mejorar tu score crediticio.

- **Mantén un nivel de endeudamiento bajo:** No te endeudes más allá de lo que puedes pagar.

- **Utiliza los productos crediticios de manera responsable:** No uses tu tarjeta de crédito al máximo y evita caer en moras.

- **Verifica tu data crédito periódicamente:** Asegúrate de que la información en tu data crédito sea correcta y reporta cualquier error a la central de riesgo correspondiente.

Recuerda:

- Tu score crediticio y tu data crédito son importantes para tu reputación financiera.

- Un buen historial crediticio te abre las puertas a mejores oportunidades financieras.
- Puedes consultar tu score crediticio y tomar medidas para mejorarlo.

Capítulo 33: Simulaciones de Crédito

En el mundo del crédito, las decisiones informadas son la clave para alcanzar el éxito financiero. En este capítulo, exploraremos el poder de las herramientas online para simular diferentes escenarios de crédito, analizaremos casos reales y compararemos opciones de crédito para tomar decisiones acertadas.

Simulaciones Online

Las herramientas online de simulación de crédito te permiten explorar diferentes escenarios y visualizar el impacto de tus decisiones crediticias. Estas herramientas son como una brújula que te guía hacia un futuro financiero sólido.

¿Cómo funcionan las herramientas de simulación de crédito?

Ingresas información como el monto del préstamo, la tasa de interés, el plazo y tus ingresos. La herramienta te muestra:

- **Cuota mensual:** El monto que pagarás cada mes por el préstamo.

- **Intereses totales:** El costo total del préstamo en términos de intereses.

- **Costo total del préstamo:** La suma del monto prestado y los intereses totales.

Beneficios de usar simuladores de crédito:

- Visualizar el impacto de diferentes opciones de crédito.

- Tomar decisiones informadas sobre préstamos y deudas.
- Planificar tu presupuesto de manera efectiva.

Comparación de Opciones de Crédito

Comparar diferentes opciones de crédito es fundamental para tomar decisiones informadas y evitar caer en trampas financieras.

Aspectos para comparar en un crédito:

- **Tasa de interés:** El costo del préstamo en términos de intereses.
- **Plazo:** El tiempo que tienes para pagar el préstamo.
- **Cuota mensual:** El monto que pagarás cada mes por el préstamo.
- **Cargos adicionales:** Costos asociados al préstamo, como estudios, avalúos, seguros y cuota de manejo.
- **Beneficios adicionales:** Algunos créditos pueden ofrecer beneficios adicionales, como seguros o programas de recompensas.

Herramienta Simulación

Descarga tu copia del simulador de créditos.

Para descargar:

[Haz clic aquí para descargar tu plantilla simulador de créditos.]

También puedes visitar:

https://juanbarrera.co/libertad-financiera

Recuerda:

- Utiliza herramientas para simular diferentes escenarios de crédito.

- Analiza casos reales para comprender el impacto del crédito en la economía personal.

- Compara diferentes opciones de crédito antes de tomar una decisión.

- Elige la opción de crédito que mejor se adapte a tus necesidades y presupuesto.

Capítulo 34: Pensamiento Lógico

En las finanzas, las decisiones que tomamos a diario, desde la compra de un café hasta la adquisición de un vehículo, tienen un impacto significativo en nuestro bienestar económico. En este capítulo, cultivaremos un pensamiento lógico para abordar las decisiones de compra de manera responsable y alcanzar la sabiduría financiera.

Impacto de las Decisiones de Compra

Clasificar las compras en dos categorías, alto impacto y bajo impacto, nos permite visualizar su relevancia en nuestro presupuesto y metas financieras.

Compras de alto impacto:

- **Bienes duraderos:** Electrodomésticos, vehículos, muebles.

- **Inversiones:** Compra de vivienda, acciones, bonos.

- **Gastos educativos:** Matrículas universitarias, cursos de formación.

Compras de bajo impacto:

- **Comida:** Alimentos básicos, productos de primera necesidad.

- **Transporte:** Combustible, pases de transporte público.

- **Entretenimiento:** Películas, conciertos, eventos deportivos.

Preguntas Clave

Antes de realizar cualquier compra, es fundamental formularnos tres preguntas clave que actúan como brújula para decisiones financieras inteligentes:

¿Lo necesito?: Evaluar si la compra es realmente necesaria o si responde a un deseo pasajero.

¿Puedo pagarlo?: Analizar si la compra se ajusta a nuestro presupuesto y capacidad de pago sin afectar nuestras obligaciones financieras. Esta pregunta es la más importante y su respuesta puede definir muchas cosas en el corto plazo.

¿Lo puedo tener ya?: Considerar si es el momento adecuado para realizar la compra o si es necesario esperar a tener una mejor situación financiera.

La Regla del 50/30/20

La regla del 50/30/20 es una herramienta útil para distribuir nuestros ingresos de manera responsable:

- **50%:** Necesidades básicas: Vivienda, alimentación, transporte, salud.

- **30%:** Deseos: Entretenimiento, viajes, restaurantes, compras no esenciales.

- **20%:** Ahorro e inversión: Para metas futuras, emergencias o gastos imprevistos.

Entonces, si tus ingresos mensuales son $1.000 USD, la regla se compone así:

- **$500 USD (50%) para necesidades básicas**: Este monto cubre los gastos esenciales como el alquiler o hipoteca, comida, transporte, y cualquier otro gasto necesario para vivir.

- **$300 USD (30%) para deseos**: Aquí puedes destinar una parte de tu dinero a cosas que disfrutas pero que no son esenciales, como salir a cenar, ir al cine, o hacer un viaje.

- **$200 USD (20%) para ahorro e inversión**: Esta porción de tu ingreso se destina a construir un fondo de emergencia, ahorrar para metas futuras como la compra de una casa, o invertir para hacer crecer tu dinero a largo plazo.

La regla del 50/30/20 es una forma sencilla de asegurarte de que tus ingresos estén bien equilibrados entre lo que necesitas, lo que deseas, y lo que ahorras para el futuro.

Al seguir esta regla, puedes manejar tus finanzas de manera más efectiva, asegurándote de cubrir tus necesidades mientras también disfrutas de la vida y te preparas para lo que pueda venir.

Recuerda:

- Clasifica tus compras en alto y bajo impacto para visualizar su relevancia.

- Formula las tres preguntas clave antes de realizar cualquier compra.

- Aplica la regla del 50/30/20 para distribuir tus ingresos de manera responsable.

- Cultiva el pensamiento lógico para tomar decisiones financieras inteligentes.

Capítulo 35: Sobrendeudamiento

Para contar con unas finanzas saludables, el equilibrio es clave para alcanzar la estabilidad y el bienestar económico. El sobreendeudamiento, como una tormenta financiera, puede generar estrés, problemas y afectar tu tranquilidad. En este capítulo, exploraremos la regla del 40%, las consecuencias del sobreendeudamiento y estrategias para salir de él, navegando hacia un futuro financiero más próspero.

La Regla del 40%

La regla del 40% establece que el total de tus deudas no debe superar el 40% de tu flujo de caja libre. El flujo de caja libre es el dinero que te queda después de cubrir tus necesidades básicas (vivienda, alimentación, transporte) e impuestos.

¿Cómo aplicar la regla del 40%?

1. Calcula tu flujo de caja libre: Ingresos totales - Necesidades básicas - Impuestos.

2. Multiplica tu flujo de caja libre por 0.40.

3. Ese es el monto máximo que puedes destinar al pago de deudas.

Ejemplo práctico:

Supongamos que tus ingresos mensuales son $2,500 USD. De este monto, deduces tus necesidades básicas y los otros gastos:

- **Necesidades básicas:** $1,200 USD (incluye vivienda, alimentación, transporte).

- **Otros gastos:** $300 USD.

Tu flujo de caja libre sería:

$2,500 USD (ingresos) - $1,200 USD (necesidades básicas) - $300 USD (otros gastos) = $1,000 USD.

Aplicando la regla del 40%, multiplicas tu flujo de caja libre por 0.40:

$1,000 USD x 0.40 = **$400 USD.**

Esto significa que el monto máximo que puedes destinar al pago de deudas cada mes es $400 USD.

Beneficios de aplicar la regla del 40%:

- Evita el sobreendeudamiento.
- Mantiene un margen de maniobra financiero.
- Te permite ahorrar e invertir con tranquilidad.

Consecuencias del Sobreendeudamiento

El sobreendeudamiento, como un peso sobre tus hombros, puede traer consigo graves consecuencias:

- **Estrés financiero y emocional:** La constante preocupación por las deudas puede generar ansiedad, depresión y afectar tu salud mental.
- **Problemas de liquidez:** Las deudas pueden dificultar el pago de tus obligaciones básicas, como la vivienda o la alimentación.
- **Manchas en tu historial crediticio:** El sobreendeudamiento puede afectar negativamente tu score crediticio, dificultando el acceso a nuevos préstamos en el futuro.

- **Dificultades para ahorrar e invertir:** El sobreendeudamiento te deja poco margen para ahorrar e invertir en tu futuro.

Salir del Sobreendeudamiento

Existen dos estrategias principales para salir del sobreendeudamiento:

Método bolo de nieve:

1. Ordena tus deudas de menor a mayor monto.
2. Paga la deuda más pequeña con la mayor cantidad de dinero posible.
3. Una vez pagada la primera deuda, utiliza el dinero liberado para pagar la siguiente deuda más pequeña, y así sucesivamente.

Método avalancha:

1. Ordena tus deudas de mayor a menor tasa de interés.
2. Paga la deuda con la tasa de interés más alta con la mayor cantidad de dinero posible.
3. Una vez pagada la primera deuda, utiliza el dinero liberado para pagar la siguiente deuda con la tasa de interés más alta, y así sucesivamente.

Recuerda:

- Aplica la regla del 40% para evitar el sobreendeudamiento.
- Reconoce las consecuencias del sobreendeudamiento y busca ayuda si la necesitas.

- Elige una estrategia para salir del sobreendeudamiento y comprométete a seguirla.

- Busca asesoría financiera profesional si requieres apoyo adicional.

Capítulo 36: Las Buenas Decisiones

Las decisiones que tomamos hoy determinan nuestro bienestar económico en el futuro. En este capítulo, exploraremos el poder de las buenas decisiones, enfocándonos en invertir en activos que generen ingresos pasivos, aprovechar las "buenas deudas" y utilizar el interés compuesto a nuestro favor para construir un futuro financiero sólido y próspero.

Invertir en Activos con Ingresos Pasivos

Invertir en activos que generen ingresos pasivos es como sembrar una semilla que dará frutos en el futuro. Estos activos te permiten generar ingresos sin necesidad de un trabajo activo constante, permitiéndote disfrutar de mayor libertad financiera.

Ejemplos de activos que generan ingresos pasivos:

- **Bienes inmuebles:** Alquilar una propiedad te genera ingresos mensuales pasivos.
- **Acciones:** Invertir en acciones de empresas rentables te permite recibir dividendos.
- **Bonos:** Prestar dinero a gobiernos o empresas te genera intereses pasivos.
- **Derechos de autor:** Crear contenido creativo y venderlo te genera ingresos pasivos.

Aprovechando las "Buenas Deudas

Las "buenas deudas" son aquellas que te permiten adquirir activos que generan valor y aumentan tu patrimonio a largo plazo. Un ejemplo claro es la deuda hipotecaria para adquirir una vivienda propia.

Beneficios de una hipoteca para vivienda propia:

- Inversión en un activo que se aprecia con el tiempo.
- Estabilidad y seguridad habitacional.
- Posibilidad de generar ingresos pasivos alquilando la vivienda en el futuro.

Recuerda:

- Invierte en activos que generen ingresos pasivos para alcanzar la libertad financiera.
- Aprovecha las "buenas deudas" para adquirir activos que aumenten tu patrimonio.
- Evalúa cuidadosamente las condiciones de cualquier deuda antes de adquirirla.

El Interés Compuesto

El interés compuesto es como un aliado que trabaja incansablemente para multiplicar tus ahorros. Se genera cuando los intereses obtenidos se reinvierten, generando nuevos intereses sobre esos intereses.

¿Cómo funciona el interés compuesto?

Imagina que tienes $1,000 y decides invertirlos a una tasa de interés del 10% al año. Eso significa que después de un año, habrás ganado $100 en intereses, lo que hace que tu total sea de $1,100.

Ahora, si decides no reinvertir esos $100 que ganaste en intereses y los gastas en algo, seguirás teniendo $1,000 invertidos. Entonces, al final del segundo año, ganarás otros $100 de interés, pero aún solo tendrás $1,000 invertidos.

Pero, si decides reinvertir esos $100 de intereses que ganaste al final del primer año, al comenzar el segundo año tendrás $1,100 invertidos en lugar de solo $1,000. Entonces, al final del segundo año, ganarás $110 de interés en lugar de $100.

Si seguimos este proceso durante los primeros 5 años, veremos una diferencia notable en los saldos.

Ahora, aquí están las tablas que muestran la diferencia entre no reinvertir los intereses y reinvertirlos durante los primeros 5 años:

Sin reinvertir los intereses:

Año	Saldo Inicial	Intereses Ganados	Saldo Final
1	$1,000	$100	$1,100
2	$1,000	$100	$1,100
3	$1,000	$100	$1,100
4	$1,000	$100	$1,100
5	$1,000	$100	**$1,100**

Reinvirtiendo los intereses:

Año	Saldo Inicial	Intereses Ganados	Saldo Final

1	$1,000	$100	$1,100
2	$1,100	$110	$1,210
3	$1,210	$121	$1,331
4	$1,331	$133.10	$1,464.10
5	$1,464.10	$146.41	**$1,610.51**

Aquí te comparto la imagen de este análisis para que aprecies claramente la diferencia. Como puedes observar, al reinvertir los intereses ganados, tu capital crece de manera más acelerada con el tiempo.

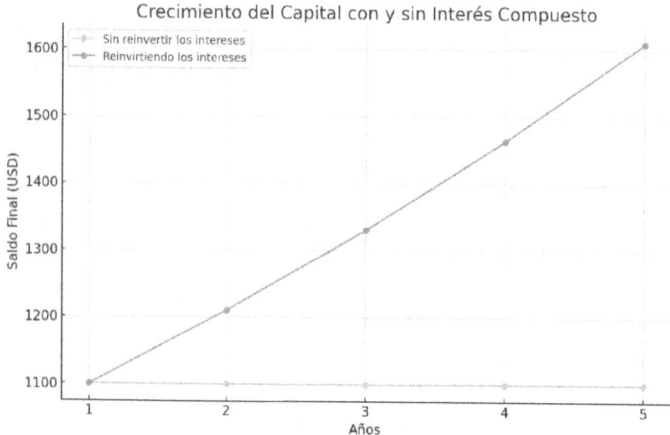

Esta es la gran ventaja del interés compuesto. En mi experiencia personal, este concepto transformó por completo mi manera de pensar sobre las finanzas.

Ahora puedes ver claramente cómo cambia el saldo inicial y final cada año, junto con los intereses ganados y cómo se reinvierten para aumentar el saldo final en los años siguientes.

Esto muestra cómo tu dinero puede crecer más rápido cuando reinviertes los intereses ganados en lugar de gastarlos.

Como puedes ver, la diferencia es clara. Al reinvertir los intereses ganados, tu dinero comienza a crecer más rápido con el tiempo. Esto puede parecer pequeño al principio, pero con el tiempo, el efecto se vuelve más significativo y tu dinero crecerá más rápido de lo que esperabas. Es una estrategia inteligente para hacer que tu dinero trabaje para ti y te ayude a alcanzar tus metas financieras.

Estrategia	Saldo final
Sin Invertir los intereses ganados	$1.100 USD
Reinvirtiendo los intereses ganados	$1.610 USD

Beneficios del interés compuesto:

- Multiplica tus ahorros a largo plazo.
- Te permite alcanzar tus metas financieras más rápido.
- Te ayuda a construir un patrimonio sólido.

Recuerda:

- Comienza a ahorrar temprano para aprovechar al máximo el interés compuesto.
- Reinvierte tus intereses para maximizar el crecimiento de tu patrimonio.

- Busca inversiones que te ofrezcan tasas de interés competitivas.

SECCIÓN 5: HERRAMIENTAS PARA EL ÉXITO

Capítulo 37: Estrategias Personalizadas

No existe una única fórmula que se adapte a todos. Cada individuo tiene sus propias circunstancias, metas y necesidades financieras.

En este capítulo, exploraremos la importancia del análisis individual, las preguntas clave que debemos plantearnos antes de realizar compras de consumo y cómo tomar el control de nuestras finanzas para construir un futuro sólido.

Análisis Individual

Cada persona tiene una situación financiera única, con diferentes ingresos, gastos, deudas, metas y necesidades.

Por lo tanto, no existe una única estrategia financiera que funcione para todos. El análisis individual es fundamental para desarrollar estrategias financieras personalizadas y efectivas.

En consecuencia, la clave para estrategias eficaces es el enfoque individual y las decisiones personalizadas.

Factores para considerar en el análisis individual:

- **Ingresos:** Salario, ingresos adicionales, inversiones.
- **Gastos:** Necesidades básicas, deudas, gastos discrecionales.
- **Deudas:** Monto total de deudas, tasas de interés, plazos de pago.
- **Metas financieras:** Corto, mediano y largo plazo.

- **Necesidades individuales:** Estilo de vida, riesgos, preferencias.

Decisiones Inteligentes

Ya lo dije, pero si lo olvidaste recuérdalo siempre, **antes** de realizar cualquier compra de consumo, es fundamental formularnos preguntas clave que nos ayuden a tomar decisiones inteligentes y evitar gastos innecesarios:

- **¿Lo necesito realmente?:** Evaluar si la compra es una necesidad real o un deseo pasajero.

- **¿Puedo pagarlo?:** Asegurarse de que la compra se ajusta a nuestro presupuesto y capacidad de pago sin afectar nuestras obligaciones financieras.

- **¿Es el mejor momento para comprarlo?:** Considerar si es el momento adecuado para realizar la compra o si es mejor esperar a tener una mejor situación financiera.

- **¿Existen alternativas más económicas?:** Buscar opciones más económicas o de mejor calidad antes de realizar la compra.

Construyendo un Futuro Sólido

Tomar el control de nuestras finanzas es un proceso que requiere compromiso, disciplina y planificación. Al seguir estos pasos, podemos construir un futuro financiero sólido y próspero:

- **Establecer un presupuesto:** Planificar tus ingresos y gastos para asegurarte de no gastar más de lo que ganas.

- **Ahorrar para emergencias:** Crear un fondo de emergencia para cubrir gastos inesperados.

- **Pagar tus deudas:** Priorizar el pago de tus deudas para reducir tu carga financiera.

- **Invertir para alcanzar tus metas:** Invertir tus ahorros para alcanzar tus metas financieras a largo plazo.

- **Buscar asesoría financiera:** Si lo necesitas, busca asesoría financiera profesional para obtener una guía personalizada.

Recuerda:

- Realiza un análisis individual de tu situación financiera.

- Formula preguntas clave antes de realizar compras de consumo.

- Toma el control de tus finanzas para construir un futuro sólido.

- La educación financiera es clave para tomar decisiones informadas.

Capítulo 38: Aliados en tu Camino

No estás solo. Existen diversas entidades gubernamentales y organizaciones sin fines de lucro que pueden ofrecerte información, asesoría y herramientas valiosas para tomar el control de tus finanzas y alcanzar tus metas financieras. En este capítulo, exploraremos cómo estas entidades pueden ser tus aliadas en tu camino hacia un futuro financiero próspero.

Asesoría Financiera

Tanto entidades gubernamentales como organizaciones sin fines de lucro ofrecen diversos programas y servicios para brindar información y asesoría financiera gratuita o de bajo costo a la población. Estos servicios pueden incluir:

- Asesoría personalizada sobre presupuesto, ahorro, inversión y deuda.
- Talleres y seminarios educativos sobre temas financieros.
- Materiales informativos y recursos online.
- Consejería y apoyo para deudores.

Programas de Educación Financiera

Muchos gobiernos y organizaciones sin fines de lucro ofrecen programas de educación financiera diseñados para ayudar a las personas a comprender conceptos financieros básicos, desarrollar habilidades de administración de dinero y tomar decisiones financieras informadas. Estos programas pueden incluir:

- Cursos y talleres sobre temas como presupuesto, ahorro, inversión y planificación financiera.

- Herramientas y recursos online para la gestión de finanzas personales.

- Programas de tutoría financiera individual o grupal.

- Asesoría y apoyo para deudores que buscan salir de deudas.

Recursos Online

En la era digital, existen numerosos recursos online y herramientas digitales que pueden ayudarte a gestionar tus finanzas personales de manera efectiva. Algunos ejemplos incluyen:

- **Calculadoras financieras online:** Te permiten calcular intereses, pagos de préstamos, cuotas de ahorro y otros indicadores financieros.

- **Aplicaciones móviles para la gestión de finanzas:** Te ayudan a realizar un seguimiento de tus ingresos, gastos, deudas y ahorros.

- **Sitios web y blogs de finanzas personales:** Ofrecen información, consejos y estrategias para mejorar tu salud financiera.

- **Herramientas online para la elaboración de presupuestos:** Te ayudan a crear y administrar un presupuesto personalizado.

Entidades Gubernamentales

En Colombia, algunas de las principales entidades gubernamentales que ofrecen información y recursos relacionados con finanzas personales y tasas de interés son:

- **Superintendencia Financiera de Colombia (SFC)**: Es la entidad encargada de supervisar e inspeccionar el sistema financiero colombiano. En su sitio web (www.superfinanciera.gov.co) puedes encontrar información sobre tasas de interés, educación financiera, derechos y deberes de los consumidores financieros, entre otros temas relevantes. Te recomiendo seguirlos.

- **Banco de la República**: Es el banco central de Colombia. En su portal web (www.banrep.gov.co) puedes consultar las tasas de interés de referencia, como la tasa de política monetaria y la tasa de intervención, que influyen en las tasas de interés del sistema financiero.

- **Unidad de Proyección Normativa y Estudios de Regulación Financiera (URF)**: Esta unidad del Ministerio de Hacienda y Crédito Público publica información sobre las tasas de interés del mercado financiero colombiano, incluyendo tasas de captación, colocación y de usura.

- **Fondo Nacional del Ahorro**: Esta entidad del gobierno ofrece productos de ahorro y crédito para la adquisición de vivienda. En su sitio web (www.fna.gov.co) puedes encontrar información sobre las tasas de interés de sus productos de crédito hipotecario.

- **Defensoría del Consumidor Financiero**: Esta entidad vela por la protección de los derechos de los consumidores financieros. En su sitio web (www.defensorialc.gov.co) puedes encontrar información sobre tus derechos como consumidor financiero y presentar quejas o reclamos relacionados con tasas de interés o productos financieros.

Estas entidades gubernamentales colombianas ofrecen información valiosa y recursos para ayudarte a comprender mejor las tasas de interés y tomar decisiones informadas en tus finanzas personales.

Importancia de la Educación Financiera

La educación financiera es fundamental para el bienestar individual y social. Al comprender conceptos financieros básicos, las personas pueden tomar decisiones informadas sobre sus finanzas, mejorar su calidad de vida y contribuir al desarrollo económico de su comunidad.

Beneficios de la educación financiera:

- Mejora la toma de decisiones financieras.
- Reduce el riesgo de endeudamiento.
- Promueve el ahorro y la inversión.
- Contribuye a la estabilidad financiera individual y familiar.
- Favorece el desarrollo económico y la inclusión financiera.

Un Llamado a la Acción: Empoderamiento Financiero para Todos

Todos tenemos el derecho y la responsabilidad de tomar el control de nuestras finanzas y construir un futuro financiero próspero. Aprovechemos los recursos disponibles, participemos en programas de educación financiera y compartamos nuestros conocimientos con nuestros familiares y amigos. Juntos, podemos construir una sociedad financieramente responsable y empoderada.

Recuerda:

- La educación financiera es clave para el bienestar individual y social.

- Fomentar la educación financiera es un esfuerzo conjunto.

- Todos tenemos el derecho y la responsabilidad de tomar el control de nuestras finanzas.

- ¡Empoderémonos financieramente para construir un futuro mejor!

Capítulo 39: Apps y Softwares

En la era digital, la gestión de tus finanzas personales está al alcance de tu mano. Existen numerosas aplicaciones (apps) y softwares de finanzas personales que te permiten tomar el control de tu dinero, alcanzar tus metas financieras y disfrutar de mayor tranquilidad.

¿Qué te ofrecen estas herramientas?

- **Presupuesto y control de gastos:** Crea un presupuesto personalizado, registra tus ingresos y gastos, y analiza tu comportamiento financiero para identificar áreas de mejora.

- **Monitoreo del score crediticio:** Mantente informado sobre tu score crediticio y recibe alertas sobre cambios en tu historial financiero. Esto te ayudará a tomar decisiones crediticias responsables y mejorar tus posibilidades de obtener préstamos o tarjetas de crédito con mejores condiciones.

- **Simuladores de crédito y calculadoras de intereses:** Simula diferentes escenarios de crédito para calcular pagos, tasas de interés y tu capacidad de pago. También puedes utilizar calculadoras para determinar el valor futuro de tus ahorros o el costo total de un préstamo.

Apps populares para finanzas personales:

- **Mint:** Una app completa que te permite crear presupuestos, monitorear gastos, realizar seguimiento de inversiones y obtener asesoría financiera personalizada.

- **YNAB (You Need a Budget):** Se basa en el método de presupuesto "basado en cero", donde asignas cada dólar a un propósito específico.

- **Personal Capital:** Te ofrece una vista completa de tu patrimonio neto, incluyendo tus inversiones, cuentas bancarias y deudas. También te brinda herramientas para la planificación de la jubilación.

- **Credit Karma:** Te permite monitorear tu score crediticio de forma gratuita y recibir alertas sobre cambios en tu historial financiero.

Softwares de finanzas personales:

- **Quicken:** Un software completo que te permite gestionar tus finanzas en un solo lugar, incluyendo presupuestos, gastos, inversiones, impuestos y planificación de la jubilación.

- **Mvelopes:** Se basa en el sistema de sobres digitales para ayudarte a administrar tu presupuesto y evitar gastos excesivos.

- **GnuCash:** Una opción gratuita y de código abierto que te ofrece potentes herramientas para la gestión de tus finanzas personales.

Elegir la mejor app o software para ti:

- **Define tus necesidades:** ¿Qué funcionalidades son importantes para ti? ¿Necesitas herramientas para crear presupuestos, monitorear tu score crediticio o planificar tu jubilación?

- **Investiga las diferentes opciones:** Compara las características, precios y opiniones de diferentes apps y softwares.

- **Prueba diferentes opciones:** Muchas apps ofrecen versiones gratuitas o de prueba para que puedas probarlas antes de comprarlas.

- **Asegúrate de que la app o software sea segura:** Protege tu información financiera eligiendo una app o software de una empresa confiable.

¡Toma el control de tu dinero y alcanza tus metas financieras con las apps y softwares de finanzas personales!

Recuerda:

- Existen numerosas herramientas digitales para ayudarte a gestionar tus finanzas.

- Elige la app o software que mejor se adapte a tus necesidades.

- Compara características, precios y opiniones antes de tomar una decisión.

- Asegúrate de que la app o software sea segura y confiable.

Capítulo 40: Consumo

En este capítulo, exploraremos el concepto del consumo consciente y su profunda conexión con las finanzas personales. Descubriremos cómo esta filosofía de consumo puede transformar tu vida financiera, brindándote herramientas para identificar y evitar las trampas del consumo desmedido. Aprenderás los principios básicos del consumo consciente y cómo su aplicación puede generar un impacto positivo en tu economía personal.

El Consumo

El consumo es una actividad inevitable en nuestras vidas. Constantemente tomamos decisiones sobre qué comprar, cómo gastar nuestro dinero y cómo utilizar nuestros recursos.

Estas decisiones, a menudo tomadas de manera inconsciente, pueden tener un impacto significativo en nuestras finanzas personales. El consumo desmedido puede generar endeudamiento, estrés financiero y una sensación de insatisfacción general.

Por otro lado, el consumo consciente nos invita a reflexionar sobre nuestras necesidades y deseos, a tomar decisiones de compra responsables y a utilizar nuestros recursos de manera eficiente.

Esta filosofía de consumo no solo mejora nuestra relación con el dinero, sino que también contribuye a nuestro bienestar personal y al cuidado del planeta.

Las Trampas del Consumo Desmedido

El consumo desmedido se caracteriza por la compra impulsiva, la búsqueda constante de satisfacción a través de las posesiones materiales y la adopción de un estilo de vida centrado en las apariencias. **Esta forma de consumo nos aleja de nuestras metas financieras**, nos genera estrés y nos limita la libertad de disfrutar de las cosas realmente importantes en la vida.

Algunas de las trampas más comunes del consumo desmedido son:

- **Publicidad engañosa:** Las empresas utilizan estrategias de marketing para manipular nuestras emociones y convencernos de que necesitamos comprar productos que en realidad no necesitamos.

- **Efecto manada:** La presión social nos puede llevar a seguir las tendencias y comprar cosas que no se ajustan a nuestro presupuesto o estilo de vida.

- **Compras impulsivas:** Tomar decisiones de compra sin analizar las necesidades reales y las consecuencias financieras a largo plazo.

- **Búsqueda de la felicidad en las posesiones materiales:** Creer que la felicidad se encuentra en la adquisición de bienes materiales, lo que genera una insatisfacción constante.

- **Comparación social:** Compararnos con los demás y sentirnos presionados a mantener un estilo de vida que no podemos permitirnos.

Principios del Consumo Consciente

El consumo consciente se basa en la idea de que nuestras decisiones de compra tienen un impacto en el mundo que nos rodea. Esta filosofía nos invita a reflexionar sobre nuestras necesidades reales, a tomar decisiones responsables y a utilizar nuestros recursos de manera eficiente.

Algunos de los principios básicos del consumo consciente son:

- **Priorizar las necesidades sobre los deseos:** Diferenciar entre lo que realmente necesitamos y lo que simplemente queremos.

- **Planificar las compras:** Elaborar una lista de compras y ceñirse a ella para evitar gastos impulsivos.

- **Comparar precios y buscar ofertas:** Buscar el mejor precio para los productos que necesitamos.

- **Elegir productos de calidad y duraderos:** Invertir en productos que duren más tiempo y eviten gastos recurrentes.

- **Apoyar a empresas responsables:** Consumir productos de empresas que promuevan prácticas sostenibles y éticas.

- **Reparar y reutilizar:** Dar una segunda vida a los objetos en lugar de desecharlos prematuramente.

- **Reducir el consumo de bienes innecesarios:** Evitar comprar cosas que no se van a utilizar o que generen residuos innecesarios.

Impacto Positivo del Consumo Consciente en tu Economía Personal

Adoptar un enfoque de consumo consciente puede tener un impacto positivo significativo en tu economía personal. Al tomar decisiones de compra responsables, podrás:

- **Reducir tus gastos y ahorrar más dinero:** Evitarás compras impulsivas y gastos innecesarios, lo que te permitirá ahorrar más dinero para alcanzar tus metas financieras.

- **Disminuir tu nivel de endeudamiento:** Al comprar menos cosas y utilizar tus recursos de manera más eficiente, podrás reducir tu nivel de endeudamiento y mejorar tu salud financiera.

- **Invertir en tu futuro:** Podrás destinar más recursos para invertir en tu futuro, como la educación, la salud o proyectos personales.

- **Reducir tu impacto ambiental:** Al consumir menos y elegir productos sostenibles, estarás contribuyendo a reducir tu huella ambiental y proteger el planeta.

- **Aumentar tu bienestar personal:** Al enfocarte en lo realmente importante y reducir el estrés asociado al consumo desmedido, podrás mejorar tu bienestar personal y disfrutar de una vida más plena.

En conclusión, el consumo consciente no solo es una filosofía de consumo, sino también una herramienta poderosa para transformar tu vida financiera y alcanzar tus objetivos personales.

Consumo es un viaje no un destino

Es un proceso continuo de aprendizaje y reflexión sobre nuestras necesidades, deseos y hábitos de consumo. Al adoptar esta filosofía, podemos tomar decisiones de compra responsables, mejorar nuestra relación con el dinero, reducir nuestro impacto ambiental y alcanzar un mayor bienestar personal y financiero.

Recuerda:

- **Consume con conciencia:** Reflexiona sobre tus necesidades reales y evita las compras impulsivas.

- **Planifica tus compras:** Elabora una lista de compras y ceñirse a ella.

- **Compara precios:** Busca el mejor precio para los productos que necesitas.

- **Elige calidad:** Invierte en productos duraderos y de buena calidad.

- **Apoya a empresas responsables:** Consume productos de empresas que promuevan prácticas sostenibles y éticas.

- **Repara y reutiliza:** Dale una segunda vida a los objetos en lugar de desecharlos prematuramente.

- **Reduce el consumo:** Evita comprar cosas que no se van a utilizar o que generen residuos innecesarios.

SECCIÓN 6: PLANIFICACIÓN A LARGO PLAZO

Capítulo 41: Planificación para el Futuro

El futuro es incierto, pero eso no significa que no podamos planificar para él. La planificación financiera es una parte esencial de alcanzar nuestros objetivos y construir un futuro sólido. En este capítulo, aprenderemos a establecer metas financieras realistas y alcanzables, descubriremos la importancia de crear un fondo de emergencia y exploraremos estrategias para planificar tu jubilación y asegurar un futuro financiero tranquilo.

Establecimiento de Metas Financieras

El primer paso para la planificación financiera es establecer metas claras y específicas. Las metas financieras nos dan una dirección y nos motivan a tomar acciones para alcanzarlas. Al establecer metas, es importante que sean:

- **Realistas:** Deben ser metas que podamos alcanzar con esfuerzo y dedicación.

- **Alcanzables:** Deben ser metas que se puedan dividir en pasos pequeños y manejables.

- **Medibles:** Deben ser metas que podamos cuantificar y medir nuestro progreso.

- **Específicas:** Deben ser metas claras y definidas, con un plazo determinado.

- **Tiempo:** Deben tener un plazo específico para su cumplimiento.

Creación de un Fondo de Emergencia

Un fondo de emergencia es un ahorro que se destina para cubrir gastos inesperados, como una enfermedad, una pérdida de empleo o un daño en el hogar. Tener un fondo de emergencia nos brinda seguridad y tranquilidad, ya que no tendremos que recurrir a préstamos o vender activos para enfrentar imprevistos.

¿Cuánto debo ahorrar para mi fondo de emergencia?

La cantidad que debes ahorrar para tu fondo de emergencia depende de tu situación personal y financiera. Una regla general es ahorrar entre 3 y 6 meses de gastos esenciales. Sin embargo, si tienes un trabajo estable y un buen seguro médico, es posible que puedas ahorrar menos.

¿Cómo puedo crear un fondo de emergencia?

- **Establece una meta:** Decide cuánto dinero quieres ahorrar para tu fondo de emergencia.

- **Crea un presupuesto:** Haz un presupuesto de tus ingresos y gastos para identificar áreas donde puedes ahorrar dinero.

- **Automatiza el ahorro:** Configura una transferencia automática de tu cuenta corriente a tu fondo de emergencia cada mes.

- **Evita tocar el fondo de emergencia:** Solo usa tu fondo de emergencia para cubrir gastos realmente inesperados.

Planificación para la Jubilación

La jubilación es una etapa importante de la vida en la que queremos disfrutar de nuestro tiempo libre y de los frutos de nuestro trabajo. Sin embargo, para tener una jubilación cómoda y tranquila, es necesario planificar con anticipación.

¿Cuándo debo comenzar a planificar para la jubilación?

Cuanto antes comiences a planificar para la jubilación, más tiempo tendrás para ahorrar y hacer crecer tu patrimonio. Idealmente, deberías comenzar a planificar para la jubilación tan pronto como empieces a trabajar.

¿Cuánto debo ahorrar para la jubilación?

La cantidad que debes ahorrar para la jubilación depende de varios factores, como tu edad, tu estilo de vida deseado y la cantidad de años que te quedan hasta la jubilación. Sin embargo, una regla general es ahorrar el equivalente a 10 veces tu salario anual para tener una jubilación cómoda.

¿Cómo puedo planificar para la jubilación?

- **Aporta a un plan de jubilación:** Si tu empresa ofrece un plan de jubilación, como, por ejemplo, un plan 401(k), asegúrate de participar y aportar el máximo permitido.

- **Abre una cuenta de ahorros para la jubilación:** Si no tienes un plan de jubilación en tu trabajo, puedes abrir una cuenta de ahorros para la jubilación, como una de ahorro programado o cunetas IRA en Estado Unidos.

- **Invierte tu dinero:** Puedes invertir tu dinero en CDT's, acciones, bonos y otros activos para hacer crecer tu patrimonio y generar ingresos pasivos para tu jubilación.

- **Consulta con un asesor financiero:** Un asesor financiero puede ayudarte a crear un plan de jubilación personalizado que se ajuste a tus necesidades y objetivos.

Conclusión

La planificación financiera es esencial para alcanzar nuestros objetivos y construir un futuro sólido. Al establecer metas financieras realistas, crear un fondo de emergencia y planificar para la jubilación, podemos asegurar un futuro financiero tranquilo y próspero. Recuerda que nunca es demasiado tarde para comenzar a planificar tu futuro financiero.

Recursos adicionales en USA:

- https://www.fidelity.com/retirement-planning/overview
- https://www.irs.gov/retirement-plans/individual-retirement-arrangements-iras
- https://www.ssa.gov/
- https://www.nerdwallet.com/h/category/financial-planning

Capítulo 42: Seguros

Los seguros son herramientas financieras que nos protegen ante riesgos inesperados, como enfermedades, accidentes, daños a la propiedad o pérdida de ingresos. Al contratar un seguro, transferimos el riesgo a una compañía de seguros a cambio de una prima mensual o anual. Los seguros pueden ser una parte importante de nuestro plan financiero general, brindándonos tranquilidad y seguridad para nosotros y nuestras familias.

Tipos de Seguros

Existen diferentes tipos de seguros que se pueden adaptar a las necesidades específicas de cada persona y familia. Algunos de los tipos de seguros más comunes son:

- **Seguros de vida:** Estos seguros protegen a los beneficiarios en caso de fallecimiento del asegurado, proporcionándoles una suma de dinero para cubrir gastos funerarios, deudas pendientes o la pérdida de ingresos.

- **Seguros de salud:** Estos seguros cubren los gastos médicos, hospitalarios y farmacéuticos en caso de enfermedad o accidente.

- **Seguros de auto:** Estos seguros protegen contra daños a nuestro vehículo y a terceros en caso de accidente.

- **Seguros de hogar:** Estos seguros protegen nuestra vivienda y sus pertenencias contra daños por incendio, robo, inundaciones y otros eventos.

- **Seguros de viaje:** Estos seguros cubren gastos médicos, cancelación de vuelos, pérdida de equipaje y otros imprevistos que puedan surgir durante un viaje.

Beneficios de los Seguros

Los seguros ofrecen una serie de beneficios que pueden ser de gran valor para nuestra vida personal y financiera:

- **Protección financiera:** En caso de un evento inesperado, los seguros nos pueden ayudar a cubrir los gastos asociados, evitando endeudamiento o la pérdida de ahorros.

- **Tranquilidad y seguridad:** Saber que estamos protegidos ante riesgos inesperados nos puede brindar tranquilidad y paz mental.

- **Acceso a servicios de calidad:** Los seguros pueden darnos acceso a servicios de salud, reparación de daños o asistencia legal de calidad.

- **Planificación financiera:** Los seguros pueden ayudarnos a planificar nuestro futuro financiero y proteger a nuestras familias.

Cómo Elegir un Seguro

Al elegir un seguro, es importante considerar varios factores, como:

- **Nuestras necesidades:** Debemos identificar los riesgos que queremos cubrir y elegir un seguro que se ajuste a nuestras necesidades específicas.

- **Nuestra cobertura:** Debemos comparar diferentes opciones de seguros para encontrar la cobertura que mejor se adapta a nuestras necesidades y presupuesto.

- **La prima:** Debemos comparar las primas de diferentes compañías de seguros para encontrar la mejor oferta.

- **La reputación de la compañía:** Debemos elegir una compañía de seguros con buena reputación y solvencia financiera.

- **Las condiciones del contrato:** Debemos leer cuidadosamente las condiciones del contrato de seguro antes de firmarlo para asegurarnos de entender todas las exclusiones y limitaciones.

Consejos para Contratar un Seguro

- Compara precios y coberturas antes de contratar un seguro.

- Lee cuidadosamente las condiciones del contrato de seguro antes de firmarlo.

- Asegúrate de entender todas las exclusiones y limitaciones del seguro.

- Infórmate sobre las opciones de pago y las formas de contacto con la compañía de seguros.

- Mantén tu póliza de seguro actualizada y notifica a la compañía de seguros cualquier cambio en tu situación personal o familiar.

Conclusión

Los seguros son una herramienta financiera importante que puede ayudarnos a protegernos ante riesgos inesperados y brindar tranquilidad a nosotros y nuestras familias. Al elegir un seguro de manera responsable y considerando nuestras necesidades específicas, podemos asegurar un futuro financiero más sólido y tranquilo.

Recursos adicionales:

- https://www.superfinanciera.gov.co/
- https://www.fasecolda.com/

Capítulo 43: Éxito Financiero

Alcanzar el éxito financiero no es un evento único, sino un proceso continuo que requiere disciplina, esfuerzo y constancia. En este capítulo, exploraremos estrategias para mantener tus hábitos financieros saludables a largo plazo, superar obstáculos y seguir aprendiendo y creciendo en el ámbito de las finanzas personales.

Hábitos Financieros

La clave para un éxito financiero duradero radica en la adopción de hábitos financieros saludables que se conviertan en parte de tu rutina diaria. Algunos de estos hábitos incluyen:

- **Establecer un presupuesto y monitorear tus gastos:** Crear un presupuesto te permite controlar tus ingresos y gastos, asegurándote de no gastar más de lo que ganas.

- **Ahorrar regularmente:** Ahorrar incluso pequeñas cantidades de dinero puede tener un impacto significativo a largo plazo.

- **Invertir tu dinero:** Invertir tu dinero te permite hacer crecer tu patrimonio y generar ingresos pasivos.

- **Evitar las deudas innecesarias:** Las deudas pueden afectar tu salud financiera y limitar tus posibilidades de alcanzar tus metas.

- **Tomar decisiones financieras informadas:** Investiga y compara opciones antes de tomar decisiones financieras importantes.

Superando Obstáculos en el Camino

El camino hacia el éxito financiero no siempre es fácil. Es importante ser consciente de los obstáculos que pueden surgir y desarrollar estrategias para superarlos. Algunos de estos obstáculos pueden ser:

- **Falta de motivación:** Mantener la motivación a largo plazo puede ser un desafío. Busca inspiración en historias de éxito financiero o establece metas realistas y alcanzables.

- **Imprevistos financieros:** Los imprevistos pueden afectar tu presupuesto y tus planes financieros. Crea un fondo de emergencia para cubrir estos gastos inesperados.

- **Dificultades para ahorrar:** Si te resulta difícil ahorrar, comienza con pequeñas cantidades y ve aumentando gradualmente. Busca formas de reducir tus gastos para liberar más dinero para el ahorro.

- **Falta de conocimiento financiero:** La educación financiera es clave para tomar decisiones informadas. Busca información confiable sobre finanzas personales y participa en talleres o cursos.

Consejos para Seguir Creciendo

El mundo de las finanzas personales está en constante evolución. Es importante mantenerse actualizado sobre las nuevas tendencias, estrategias y herramientas disponibles para alcanzar el éxito financiero.

Algunos consejos para seguir aprendiendo y creciendo incluyen:

- **Leer libros y artículos sobre finanzas personales:** Existen muchos recursos valiosos disponibles para aprender sobre finanzas personales.

- **Escuchar podcasts y ver videos sobre finanzas personales:** Hay muchos podcasts y videos educativos que pueden ayudarte a aprender sobre diferentes temas financieros.

- **Asistir a talleres y cursos de finanzas personales:** Participar en talleres y cursos puede darte la oportunidad de aprender de expertos y conocer a otras personas con intereses similares.

- **Conectarte con comunidades de finanzas personales:** Unirse a comunidades online o grupos locales de finanzas personales puede brindarte apoyo y motivación.

- **Buscar asesoría financiera profesional:** Si necesitas ayuda para alcanzar tus metas financieras, puedes consultar con un asesor financiero profesional.

Mantener el éxito financiero a largo plazo requiere compromiso, disciplina y un enfoque continuo en el aprendizaje y el crecimiento. Al adoptar hábitos financieros saludables, superar obstáculos y seguir aprendiendo, puedes construir un futuro financiero sólido y alcanzar tus metas personales y financieras.

Sección Bonus: Ejemplo práctico que reúne todo lo aprendido.

Capítulo 44: Ejemplo Práctico

En este capítulo final, pondremos en práctica los conceptos aprendidos a lo largo del libro a través de un ejemplo práctico. Acompañaremos a Ana, una joven profesional que recién comienza su carrera, en su camino hacia el éxito financiero.

Ana y su Situación Financiera

Ana tiene 25 años y acaba de graduarse de la universidad. Consiguió un trabajo como ingeniera de software con un salario mensual de $1.500 USD Ana está emocionada de comenzar su carrera y alcanzar sus metas financieras, como comprar un apartamento propio, viajar por el mundo y retirarse cómodamente.

Estableciendo Metas Financieras

El primer paso de Ana es establecer metas financieras claras y específicas. Decide que sus metas principales son:

- **Comprar un apartamento en 5 años:** Ana estima que necesita un ahorro de $25.000 USD para comprar un apartamento.

- **Viajar por el mundo en 10 años:** Ana quiere ahorrar suficiente dinero para realizar un viaje de un año alrededor del mundo. Estima que necesita un ahorro de $15.000 USD.

- **Retirarse cómodamente a los 55 años:** Ana quiere tener un patrimonio suficiente para vivir cómodamente durante su jubilación. Estima que necesita un ahorro de $150.000 USD.

Creando un Presupuesto

Ana sabe que, para alcanzar sus metas, necesita controlar sus gastos y crear un presupuesto. Utiliza una aplicación de presupuesto para registrar sus ingresos y gastos. Después de un mes de análisis, descubre que sus gastos mensuales ascienden a $1.350 USD.

Estrategias para Alcanzar las Metas

Ana analiza su presupuesto y busca formas de reducir sus gastos. Decide algunas estrategias, como:

- **Cocinar en casa en lugar de comer fuera:** Esto le ahorrará alrededor de $250 USD por mes.

- **Cancelar suscripciones innecesarias:** Ana cancela algunas suscripciones a servicios de streaming, música y revistas, lo que le ahorra $50 USD.

- **Utilizar el transporte público:** Ana decide dejar de usar su carro y utilizar el transporte público, lo que le ahorra $150 USD por mes.

Ahorro e Inversión

Con los cambios en su estilo de vida, Ana ahora tiene un ahorro mensual de $450 USD. Decide destinar la mitad de este ahorro a su fondo de emergencia y la otra mitad a sus metas financieras a largo plazo.

Para invertir su dinero, Ana se informa sobre diferentes opciones, como CDTs, FICs, fondos mutuos, acciones y bonos. Decide invertir una parte de su dinero en un fondo diversificado y otra parte en acciones de empresas que le parecen prometedoras.

Superando Obstáculos

En el camino hacia sus metas, Ana se enfrenta a algunos obstáculos, como:

- **Un aumento inesperado en el alquiler de su apartamento:** Ana debe ajustar su presupuesto para cubrir este aumento inesperado.

- **Una oportunidad de inversión que requiere una gran cantidad de dinero:** Ana decide no invertir en esta oportunidad, ya que no quiere poner en riesgo su fondo de emergencia.

- **La tentación de gastar dinero en cosas que no necesita:** Ana aprende a diferenciar entre sus necesidades y sus deseos para evitar gastos impulsivos.

Aprendiendo y Creciendo

Ana entiende que el éxito financiero es un proceso continuo de aprendizaje y crecimiento. Constantemente busca información sobre finanzas personales, lee libros y artículos, participa en talleres y cursos, y se conecta con otras personas interesadas en las finanzas personales.

Conclusión

La historia de Ana nos muestra que el éxito financiero es posible con disciplina, esfuerzo y constancia. Al establecer metas claras, crear un presupuesto, ahorrar e invertir de manera inteligente, superar obstáculos y seguir aprendiendo, podemos alcanzar nuestras metas financieras y construir un futuro sólido y próspero.

Recuerda:

- El éxito financiero es un viaje, no un destino.
- Es importante establecer metas claras y específicas.
- Crea un presupuesto y controla tus gastos.
- Ahorra e invierte tu dinero de manera inteligente.
- Supera los obstáculos y sigue aprendiendo.

¡Con disciplina y esfuerzo, tú también puedes alcanzar tus metas financieras!

Capítulo 45: Recapitulación

En este libro, hemos explorado el mundo de las finanzas personales, brindándote herramientas y conocimientos para tomar el control de tu futuro financiero.

Temas Principales

Hemos recorrido los siguientes temas:

- **Fundamentos de las finanzas personales:** La importancia de la educación financiera, la elaboración de un presupuesto, el ahorro y la inversión.

- **Gestión de la deuda:** Estrategias para eliminar las deudas y mejorar tu salud financiera.

- **Planificación financiera:** Cómo establecer metas financieras, crear un plan de acción y alcanzar tus objetivos.

- **Inversión:** Conceptos básicos de inversión, diferentes tipos de inversiones y estrategias para construir un portafolio de inversión sólido.

- **Seguros:** La importancia de los seguros para protegerte a ti mismo y a tu familia ante riesgos inesperados.

- **Mantener el éxito financiero:** Hábitos para mantener tus finanzas saludables a largo plazo, superar obstáculos y seguir aprendiendo.

Mi Agradecimiento

Quiero expresar mi más sincero agradecimiento a ti, lector, por embarcarte en este viaje hacia el éxito financiero. Espero que este libro te haya brindado las herramientas y la motivación que necesitas para alcanzar tus metas financieras.

Mi Mensaje final

El camino hacia el dominio de las finanzas personales es un viaje continuo de aprendizaje y crecimiento. Recuerda que lo más importante es comenzar, dar el primer paso y tomar el control de tu futuro financiero. Con disciplina, esfuerzo y constancia, puedes alcanzar tus sueños y construir un futuro próspero para ti y para tu familia.

¡Te deseo mucho éxito en tu camino hacia el éxito financiero!

Recursos adicionales:

juanbarrera.co/libertad-financiera

Visita:

juanbarrera.co/finanzas-personales

Libertad Financiera

Aprenderás a manejar tu dinero como un experto, a soñar en grande y a convertir esos sueños en metas alcanzables. Lo mejor de todo: cultivaremos juntos hábitos que harán que el dinero trabaje para ti, no al revés. ¿Estás Listo?

juanbarrera.co/finanzas-personales

www.ingramcontent.com/pod-product-compliance
Lightning Source LLC
Chambersburg PA
CBHW050209230526
45470CB00001B/305